쇼펜하우어를 마주하며

EN PRÉSENCE DE SCHOPENHAUER

쇼펜하우어를 마주하며

미셸 우엘벡 지음 **이채영** 옮김

필로소픽

/ 차례 /

| 일러두기 |

- 쇼펜하우어를 인용한 부분은 우엘벡의 프랑스어 번역을 직접 옮기되,
  필요하면 국역본을 참고했다. 이때 《의지와 표상으로서의 세계》는 홍성
  광(전면개정판, 을유문화사, 2019)과 이서규(지식을만드는지식, 2011)
  번역을, 《인생론》은 박현석(나래북, 2010)과 사순옥(홍신문화사, 2011)
  번역을 참고했다. 그밖의 인용문도 옮긴이의 번역이며, 다만 국내 번역
  본이 있으면 독자의 편의를 위해 주석에 해당 서지 사항을 덧붙였다.
- 외국 인명과 지명의 표기는 국립국어원 외래어 표기법을 따르되, 국내에
  서 널리 사용되는 표기 용례가 있으면 그대로 썼다. 인물, 도서, 논문 및
  주요 개념의 원어는 처음 나오거나 주요하게 언급할 때 병기했다.
- 도서와 논문의 제목은 번역 표기하되, 국내에 소개된 작품은 그 제목을
  따랐다.
- 본문의 굵은 서체는 원저자의 강조이다.
- 본문에 옮긴이의 보충 설명을 넣을 때는 '[ ]'로 묶어 표시했다.

혁명의 역사

아가트 노바크-르슈발리에

Agathe Novak-Lechevalier

2005년 미셸 우엘벡이 쇼펜하우어 Arthur Schopen-hauer(1788~1860)의 저서들을 번역하고 해설하는 작업, 즉 그를 향한 찬미의 힘을 오로지 자기 자신에게만 증명하는 까다롭고도 돌발적인 이 작업에 착수할 때, 그는 《어느 섬의 가능성 La Possibilité d'une île》의 집필을 이제 막 끝마친 뒤였다. 이 새로운 프로젝트에 몇 주 동안 몰두하고 난 뒤, 그는 처음에는 책을 한 권 쓰려 했다가 이내 아주 빠르게 단념한다. 그러나 그사이에 이미 쇼펜하우어가 남긴 두 권의 가장 저명한 작품, 《의지와 표상으로서의 세계 Die Welt als Wille und Vorstellung》와 《인생론》[1]에서 거의 30편에 달하는 글을 발췌하여 직접 번역하고 해설을 남긴 뒤였다. 전자는 그 철학자의 대표작이자, 일생을 바친 작업이기도 하다. 이는 이제 막 박사학위 논문 심사를 통과한 젊은 쇼펜하우어가 1814년부터 1818년까지 열정적으로 작업한 책으로, 1819년 초판본이 출간된다. 그러나 그는 계속해서 내용을 보완해나가고, 그 책은 그렇게 여러 차례의 출간을 거쳐 압도적인 분량으로 몸집을 키워나간다. 그리고 오늘날 우리가 알고 있는 것처럼 대개 여러 권으로 나뉘어 출판되곤 한다. 한편 쇼펜하우어는 본인 이론의 핵심적인 주장을 다시 담은 (《인생론》을 포함한) 여러 편의 짧은 글을 모아 《여록과 보유 Parerga und Paralipomena》(1851)를 출간

---

1 [옮긴이] 독일어 원서의 제목은 *Aphorismen zur Lebensweisheit*로, 직역하면 "인생의 지혜에 관한 격언집"이다. 본 번역에서는 국내에 흔히 알려진 제목인 《인생론》이라고 옮겼다. 이하 '[옮긴이]'로 표시된 것은 옮긴이 주석이며, 나머지는 원저자의 주석이다.

하고 나서야, 비록 아주 늦기는 했지만 자신이 늘 바라왔던 대중적인 성공을 비로소 거두게 된다. 바로 그때 그는 이렇게 말했을 것이다. "드디어 내 명성의 희극의 막이 오르는데, 이 늙은 얼굴로 이제 와 무얼 한단 말인가?"

그렇다고 해서 《쇼펜하우어를 마주하며 En Présence de Schopenhauer》가 단순한 해설서인 것은 아니다. 이는 어떤 한 만남에 대한 기록이다. 스물다섯이나 스물일곱 살 즈음, 그러니까 1980년대 전반에, 미셸 우엘벡은 어느 도서관에서 거의 우연히 《인생론》을 빌린다. "그때만 해도 나는 이미 보들레르와 도스토옙스키, 로트레아몽 백작, 베를렌, 거의 모든 낭만주의 작가는 물론, 과학소설까지도 꽤 섭렵한 상태였다. 성경과 파스칼의 《팡세》, 《도시》², 《마의 산》도 읽은 지 오래였다. 직접 시를 몇 편 쓰기도 했다.

---

2 [옮긴이] *City*. 20세기 미국의 과학소설가 클리퍼드 시맥 Clifford D. Simak(1904~1988)이 1944년부터 1952년 사이에 발표한 단편소설들을 엮은 작품집이다. 프랑스에서는 《내일의 개들 Demain les chiens》이라는 제목으로 출간됐다.

정말로 [새로운 글을] 읽는다기보다는 [이전에 읽은 것을] 한 번 더 읽는 듯한 느낌을 받던 때였다. 문학 작품을 발견하는 작업은 적어도 한 사이클을 마쳤다고 생각했다. 그러다 갑자기 불과 몇 분 만에 모든 것이 균형을 잃고 흔들렸다." 타격은 결정적이었다. 젊은 청년은 몹시 흥분하여 안달이 난 상태로 온 파리를 뒤져, 마침내 《의지와 표상으로서의 세계》 한 부를 힘들게 찾아낸다. 그렇게 그 책은 별안간 "세상에서 가장 중요한 책"이 되어버린다. 그리고 그는 바로 그 새로운 독서를 통해 모든 것이 "바뀌어버렸다고" 말한다.[3]

《복종》의 1인칭 화자 프랑수아는 "작가란 무엇보다도 그 자신의 책 안에 존재하는 인간이다"라고 말한다. 오로지 문학이야말로 "친구와의 대화보다 더 직접적이고 완전하며 심오한 방식으로 죽은 자의 영혼과 접촉할 수 있도록" 허락한다는 것이다.[4] 어쩌면 쇼펜하우어의 저서를 발견하면서 미셸 우엘벡이 가장 먼저 느꼈던 감정은 정확하게 말

---

3 본문 25-27쪽.

하자면 바로 이러한 신비롭고도 충격적인 기분이었을 것이며, 그가 《쇼펜하우어를 마주하며》라는 의미심장한 제목으로 이 글을 쓰는 일에 과감히 뛰어들어 독자들과 나누고자 했던 것은 본인에게 결정적이었던 바로 이 만남이었을 것이다. 사실 그가 쇼펜하우어를 발견하면서 느낀 힘이란 **자신의 분신**alter ego을 알아볼 때 느낄 법한 충격과 틀림없이 관련이 있다. 자신과 함께 오래 동행할 것을 단번에 알아볼 그런 존재 말이다. 고녀의 전문가, 근본적 비관주의자, 고독한 염세주의자인 쇼펜하우어를 읽는다는 것은 미셸 우엘벡에게 "편안한" 행위다. 둘이서는 덜 외로운 법이지 않은가. 이에 우리는 이런 질문을 던져볼 수 있다. 미셸 우엘벡은 쇼펜하우어를 읽기 전부터 이미 쇼펜하우어 같았는가, 아니면 쇼펜하우어를 읽음으로써 우리가 아는 그의 모습이 되었는가? 그는 이미 근본적으로 (세상, 인간, 그리고 삶과) "어울릴 수 없는" 사람이었

---

4 미셸 우엘벡, 《복종Soumission》, Flammarion, 2015, 13쪽[장소미 옮김, 문학동네, 2015].

는가, 아니면 그러한 대립의 씨앗을 쇼펜하우어가 뿌린 것인가? 우엘벡은 원래 인간보다 개를 더 좋아했는가, 아니면 이 또한 아르투어의 영향으로 보아야 하는가? 어찌 됐든 분명한 사실은 우리가 그렇게 오래 이어져 온 인연의 신비 속으로 들어오게 됐다는 것이다. 그보다 확실한 것은 미셸 우엘벡이 처음으로 계약을 맺은 작품들이 출간되던 1991년, 사방에서 쇼펜하우어의 흔적이 발견된다는 점이다. 러브크래프트Howard Phillips Lovecraft에 관하여 쓴 수필에 '세상에 맞서, 삶에 맞서Contre le monde, contre la vie'[5]라는 (극성스러울 정도로 쇼펜하우어적인) 제목을 붙인 것과, "모든 인생은 고통이다"[6]라는 쇼펜하우어의 유명한 문장을 격렬하게 상기시키는 《살아 있기》[7]의 첫 문장 "세상은 진열된 고통이다"

---

5 [옮긴이] 미셸 우엘벡, 《러브크래프트: 세상에 맞서, 삶에 맞서》, 이채영 옮김, 필로소픽, 2020.

6 아르투어 쇼펜하우어, 《의지와 표상으로서의 세계》, 1권 56장.

7 [옮긴이] *Rester vivant.* 1991년 출간된 미셸 우엘벡의 짧은 수필집이다.

부터, 첫 시집 《행복의 추구 La Poursuite du bonheur》에서 적어도 독자들을 깜짝 놀라게 할 만한 다음 시 구절까지 말이다.

> 아르투어 쇼펜하우어, 그대를 생각하고 싶네,
> 사랑하는 그대 모습, 유리창에 비쳐 보이네,
> 출구 없는 세상에서 나는 한 명의 늙은 광대
> 차가운, 너무나 차디찬.

거의 첫눈에 반한 것이나 다름없어 일종의 혁명처럼 보이기도 하는 만남이다. 실제로 쇼펜하우어의 철학은 현실의 모든 복잡함 속에서도 그 총체를 설명해낼 수 있는 "단 하나의 사유"[8]를 발전시키고자 하는 포부를 품고 있으며, 미셸 우엘벡의 눈에 이는 진리를 생산해내는 무시무시한 기계처럼 보인다. 쇼펜하우어는 사람들의 눈을 뜨게 하여 세상을 오로지 그 자체로서, 다시 말해 자력으로는 움직일 수 없는 물질부터 식물과 동물, 인간

---

[8] 《의지와 표상으로서의 세계》, 초판 서문.

에 이르기까지 모든 존재의 본질을 이루는 맹목적이고도 목적 없는 "삶의 의지"에 따라 온전히 이끌리는 세상을 관조하는 법을 가르쳐준다. 이성의 원칙과는 아무런 관련이 없는 이러한 "의지"는, 쇼펜하우어의 사상에서 모든 존재가 부조리하고 비극적이며, 존재에게 고통이란 피할 수 없는 동시에(왜냐하면 "모든 의지는 필요, 즉 박탈과 고뇌에서 생겨나므로"),⁹ 그 어떤 명분도 가지고 있지 않다는 주장을 뒷받침한다. 이러한 의지는 이제는 전설이 된 그의 비관주의를 설명해주기도 한다. 물론 이는 근본적 비관주의이다. 그러나 원기를 회복시켜주는 비관주의이기도 하다. 미셸 우엘벡에 따르면, "환멸이란 나쁜 것이 아니기"¹⁰ 때문이다. 게다가 《반시대적 고찰 Unzeitgemäße Betrachtungen》 3권에 나오는 니체의 표현을 빌리자면, 쇼펜하우어는 사실 가장 훌륭한 "교육자"다.¹¹ 쇼펜하우어의 말은 아들을 교육하는 아버지의 말에 견

---

9 《의지와 표상으로서의 세계》, 1권 38장.
10 《푸앵Point》 특별호 인터뷰, 2016년 10-11월, 74쪽.

줄 만하다고 니체는 말한다. 그의 말은 "애정을 품고 듣는 청중을 향해 펼치는 충실하면서도 투박하고 다정한 고백"[12]이다. 쇼펜하우어의 작품은 글쓴이 본인이 지닌 충실과 평온, 인내의 자질을 독자에게 불어넣는 도덕 교과서로서, 니체의 말을 다시 빌리자면 문체에 대한 교훈이기도 하다(도덕과 문체는 동전의 양면과도 같기 때문이다). "투박하고 다소 원시적인 쇼펜하우어의 영혼은 훌륭한 프랑스 작가들의 유연함과 궁정풍 우아함을 애석해하기보다는 경멸하는 법을 가르친다."[13] 그렇다면 니체는 매번 모든 결론을 쇼펜하우어에게서 도출해냈을까? 미셸 우엘벡의 경우에는 확실히 그렇다. 그가 본인에게 문체가 부족하다고 끊임없이 비판

---

11 우엘벡에 따르면, 이 책은 지금까지 쇼펜하우어에 관하여 쓰인 "최고의 텍스트"다. 앞의 인터뷰.

12 프리드리히 니체Friedrich Nietzsche, 《반시대적 고찰Considérations inactuelles》, dans *Œuvres complètes*, Mercure de France, vol. 5, t. II, 1922, 20쪽[《비극의 탄생·반시대적 고찰》, 이진우 옮김, 책세상, 2005].

13 같은 책, 21쪽.

해오는 사람들에 맞서 끈질기게 싸운 것은 우연의 일치가 아니다. 쇼펜하우어의 유명한 문장에 따르면, "좋은 문체를 가지는 데 필요한 가장 중요하면서도 실질적으로 유일한 조건은 말할 거리가 있는 것이다."[14]

미셸 옹프레가 단호하게 보여준 것처럼, 솔직히 말해 쇼펜하우어의 철학을 필터로 사용한다면 우엘벡의 모든 작품을 읽어낼 수 있을 것이다.[15] 고뇌의 명증성과 비관주의, 문체에 대한 이해뿐만 아니라 윤리의 일반적인 토대로서 연민에 핵심적으로 중요한 의미를 부여한다는 점, 미적 관조의 구원적 성격, 세상에 대한 "동조"의 불가능성 등… 모든 것이 똑같다. 미셸 우엘벡 본인이 처음으로 **쇼펜하우어를 마주하며** 받은 영향력을 일종의 찬사를 통해 풀어낸다는 점은 그리 놀랄 만한

---

14 미셸 우엘벡,《발언 2 Interventions 2》, Flammarion, 2009.

15 미셸 옹프레Michel Onfray, 〈절대적 유일성. 허무주의의 거울L'absolue singularité. Miroir du nihilisme〉,《미셸 우엘벡 연구Cahier de l'Herne Michel Houellebecq》, Herne, 2017.

일이 아닐 것이다. "쇼펜하우어의 글에서 가장 마음에 들었던 몇몇 부분을 통해, 내가 보기에는 그의 지적인 태도가 미래의 모든 철학자에게 어떠한 이유에서 본보기가 되는지, 그리고 비록 결국에는 그의 의견에 동의하지는 않을지라도 왜 그에게 마음속 깊이 감사함을 느낄 수밖에 없는지"[16]를 설명하면서 말이다.

그러나 계획을 실행에 옮겨본 결과(이는 그의 장점이자 그의 주요 흥밋거리 중 하나인데), 미셸 우엘벡은 이 프로젝트를 더 이상 이어나가지 않겠다고 마음먹는다. 직접 수고를 들여가며 번역한 발췌문에 엄정하고 때로는 까다로운 해설을 다는 동안, 그에게 쇼펜하우어의 저서는 인내와 예찬을 통해 체화해야 할 교훈이나 심지어 어떤 본보기라기보다는 일종의 거대한 생각 기계처럼 보이게 된 것이다. 그렇게 분석은 텍스트 속 글자에서 조금씩 벗어나고 만다. 한편으로는 예술 속 음란물의 표상과 **고어**gore 장르가 일으키는 문제에 대한 질문이, 다

---

16 본문 30쪽.

른 한편으로는 부조리 철학에 대한 비판이, 더 나아가서는 도시적 시풍의 출현과 20세기 예술의 변동, 또는 "아직도 써야 할 글이 남아" 있는 "평범성의 비극"에 관한 성찰 등이 윤곽을 잡아나가게 된 것이다. 완벽하게 개인적으로 진행된 이러한 작업에서 모습을 드러내는 것은 일련의 사고 훈련이다(107쪽 9번 각주에서 "필요"로 인해 생겨난 "유목민의 삶"을 "권태"로 야기되는 "관광객의 삶"과 비교하는 것을 포함하여, 이 글은 사방에서 우엘벡의 느낌이 물씬 풍긴다). 그리고 이를 통해 우리는 다른 지평선으로 이어질 원동력을 가늠해볼 수 있기도 하다. 우엘벡이 쓴 소설 중 아마도 쇼펜하우어를 가장 닮은 작품일 《지도와 영토 La Carte et le Territoire》가 출간되기 바로 직전에 《쇼펜하우어를 마주하며》가 등장한 것은 절대로 우연이 아니다.[17]

---

17 이와 관련해서는 《미셸 우엘벡 연구》(2017)에 실린 피에르 도스 산토스Pierre Dos Santos의 논문 「관조의 윤리학Une éthique de la contemplation」을 참고하기 바란다. [《쇼펜하우어를 마주하며》가 종이책으로 정식 출간된 것은 2017년이

사랑 이야기는 슬프게 끝나기 마련이다. 미셸 우엘벡은 쇼펜하우어를 발견하고 나서 "십여 년"이 지난 뒤 그를 멀리하게 됐다고 말한다. 본인은 또 다른 만남, 즉 오귀스트 콩트[18]와의 만남으로 인해 "일종의 실현될 수 없는 열정으로"[19] 실증주의자가 됐다는 것이다. 쇼펜하우어를 발견했을 당시 따라왔던 격정적인 흥분은 사라져 버리고, 냉정한 이성이 (마지못해) 힘을 쓰기 시작한 것이다. 1993년 〈무질서로의 접근Approches du désarroi〉이라는 제목으

지만, 2010년에 이미 프랑스의 인터넷 독립언론《메디아파르 Mediapart》를 통해 총 다섯 차례에 걸쳐 대중에게 공개된 바 있다.]

18 [옮긴이] Auguste Comte(1798~1857). 프랑스의 철학자이 자 사회학자로, 눈에 보이는 현상에 대한 단순한 관찰에서 벗어나 이를 바탕으로 한 이론과 법칙의 발견을 목적으로 하는 실증주의를 주창했다. 대표적인 서서《실증 철학 강의Cours de philosophie positive》에서는 사회학의 기본 전제와 연구 방법론, 구조 등을 정리함으로써 오늘날 사회학의 근본을 이루는 원리들을 창안했다.

19 본문 29쪽.

로 처음 공개된 글은 대략 그즈음에 쓰였을 것이다. 이 글에서 미셸 우엘벡은 쇼펜하우어를, 스스로가 믿기 거부했던 것을 초월하여 오히려 실증주의 교리의 한가운데에 자리 잡은 인물로 묘사한다. 역사란 움직이는 법이지 않은가. 즉, 쇼펜하우어가 세계를 "한편으로는 의지로서 (욕망으로서, 생의 약동으로서) 존재하며, 다른 한편으로는 (그 자체로 중립적이고 무고하며 순전히 객관적이고 미적 재건축처럼 과민한) 표상으로 지각되는"것으로 간주했던 새로운 주장은 오늘날 실패로 끝난 듯 보인다는 주장이다. 쇼펜하우어가 결정적이라고 생각했던 이러한 발견은 사실상 현대 자유주의를 지배하는 "대형마트의 논리"로부터 맹렬한 공격을 받아 무너진 것으로 드러난다. 현대인은 단어 "의지"가 암시하는, "완성을 향해 고집스럽게 방향을 전환하는 유기적이고 전체적인 그 힘"을 대신하여, 오로지 "욕망의 산재散在"와 "의욕의 분명한 쇠약"만을 경험할 뿐이다. 영원히 부차적인 차원의 침략으로 인해 "의미에 깊게 타격을 입은" 표상의 경우, 인간의 상호 의사소통 능력과 "예술적·철학적 활동"을 동시에 해침으로써 "순수함을 완전히 잃어 버리고" 말았다.[20] 바로 그때 우리는 "불온하고 부정不正하며 심히 하찮은 환경 속으로"[21] 미끄러져 들어가게 된다. 결과적으로 역사는 비관주의로부터 우리를 구하지 못할 것이며, 오히려 쇼펜하우어 철학 사상의 기초를 무너뜨림으로써 결국에는 이미 확인된 사실을 악화시키기만 할 뿐이었다. 그렇다고 해서 역사가 모든 타당성을 무효화시켰다고 할 수 있는가? 이 질문에 답하기 위해서는 미셸 우엘벡이 본인의 글을 마무리하며 권장하는 해결책을 읽는 것만으로도 충분하다. "그러나 각각의 개인은 정보와 광고의 홍수 바깥으로 잠시 몸을 피함으로써, 자기 자신 안에 일종의 냉혹한 혁명을 일으킬 수 있다. 그건 아주 쉬운 일이다. 세상에 대하여 미학적인 관점을 취하기가 오늘날처럼 수월했던 적은 지금까지 단 한 번도 없었다. 딱 한 발만 옆

---

20 미셸 우엘벡, 〈무질서로의 접근〉,《발언 2 Interventions 2》, Flammarion, 2009, 36-38쪽.

21 같은 책, 38쪽.

으로 비켜나면 될 일이다."[22] 의욕의 정지, 차이에 대한 의식, 현실과 격차를 만드는 능동적 실천이라니. 여전히 쇼펜하우어답지 않은가.

---

22 미셸 우엘벡, 〈무질서로의 접근〉,《발언 2 Interventions 2》, Flammarion, 2009, 45쪽.

벗이여, 유년기에서 벗어나,
깨어나라!*

* 이는 쇼펜하우어가 장-자크 루소Jean-Jacques Rousseau(1712~ 1778)의 책에서 발췌하여 《의지와 표상으로서의 세계》 1권의 첫머리에서 인용한 문장이다.

우리의 삶은 공간 속에서 전개되며, 시간이란 한낱 부속품이자 부산물에 지나지 않는다. 내가 살면서 경험한 사건들이 어떤 장소에서 일어났는지는 마치 쓸데없이 선명한 사진처럼 기억 속에 저장돼 있는 반면, 그 일들을 시간 속에 배치하라고 한다면 애써 힘을 들여가며 어렴풋하게나마 사실 확인 작업을 거쳐야만 가능할 것이다. 따라서 파리 7구의 시립 도서관(더 정확하게는 라투르-모부르Latour-Maubourg 지구에 있는 별관)에서 《인생론》을 빌렸을 당시, 내 나이는 스물여섯, 아니면 스물다섯이나 스물일곱쯤 됐을 것이다. 어쨌든 간에 그렇게나 중요한 발견치고는 꽤 늦은 나이였다. 그때만 해도 나는 이미 보들레르Charles Baudelaire와 도스토옙스키Fyodor Dostoevsky, 로트레아몽 백작,[1] 베를렌,[2] 거의 모든 낭

---

1 [옮긴이] Comte de Lautréamont(1846~1870). 프랑스의 시인으로, 프랑스 근대 시의 선구자라고 평가받는다. 대표작으로는 산문시집 《말도로르의 노래Les Chants de Maldoror》가 있다.

2 [옮긴이] Paul Verlaine(1844~1896). 프랑스의 상징주의 시

만주의 작가는 물론, 과학소설까지도 꽤 섭렵한 상태였다. 성경과 파스칼Blaise Pascal의 《팡세Pensées》, 《도시》, 《마의 산》[3]도 읽은 지 오래였다. 직접 시를 쓰기도 했다. 정말로 [새로운 글을] 읽는다기보다는 [이전에 읽은 것을] 한 번 더 읽는 듯한 느낌을 받던 때였다. 문학작품을 발견하는 작업은 적어도 한 사이클을 마쳤다고 생각했다. 그러다 갑자기 불과 몇 분 만에 모든 것이 균형을 잃고 흔들렸다.

2주를 찾아 헤맨 끝에, 생미셸Saint-Michel 거리에 위치한 프랑스대학출판 서점의 한 책꽂이에서 《의지와 표상으로서의 세계》를 손에 넣는 데 성공했다. 당시에는 오로지 헌책으로만 구할 수 있었다. (나는 이러한 사실에 충격과 경악을 금치 못했으며, 실제로 이 놀란 마음을 수십 명에게 알려야만 했다. 나름 유럽의 중요한 수도 중 한 곳인 파리인데, 세상에서 가장 중요한 책을 다시 찍어내지 않았다니!) 그때 나는

인으로, 세기 말의 위대한 시인 중 하나로 평가받는다.

3 [옮긴이] *Der Zauberberg*. 1924년에 출간된 독일 작가 토마스 만Thomas Mann(1875~1955)의 장편소설이다.

철학 분야에서는 대략 니체까지만 읽은 상태였다. 그러나 그건 사실 잘못된 판단이었다. 그의 철학은 부도덕하고 추해 보였으나, 나는 그의 지적 능력의 강렬한 힘에 압도당했다. 니체의 사상을 근본부터 흐트러뜨려 파괴하고 싶었지만, 어떻게 해야 그럴 수 있는지는 알지 못했다. 그야말로 지적으로 패배를 당한 것이다. 이런 맥락에서 쇼펜하우어를 읽음으로써 모든 게 바뀌어버렸다고 말하는 것은 소용없다. 저리 가여운 니체를 더는 원망할 마음도 없다. 그는 그저 재수 없게도 쇼펜하우어보다 늦게 태어났을 뿐이다. 음악 분야에서는 운 없게도 바그너와 동시대를 살게 된 것처럼 말이다.

그로부터 십여 년이 지난 뒤, 철학 분야에서 두 번째 충격을 받은 것은 오귀스트 콩트를 접하면서였다. 그는 나를 정반대 방향으로 이끌었다. 쇼펜하우어와 콩트보다 서로 더 완전히 반대되는 두 사유를 찾아내기란 어려운 일이다. 만약 콩트가 쇼펜하우어를 알았다면, 아마도 현실 감각이라곤 찾아볼 수 없는 형이상학자라고, 즉 과거의 표본이라고만(물론 '가장 위대한 형이상학자'인 칸트와 연속성 면에선 존경받을 만하기는 하겠지만, 어쨌든 간에 과거의 표본이라고) 생각했을 것이다. 반면 만약 쇼 펜하우어가 콩트를 알았다면, 아마도 그의 사색을 아주 심각하게 받아들이지는 않았을 것이다. 여담 으로 말하자면, 이 두 사람은 동시대(쇼펜하우어는 1788년부터 1860년까지, 콩트는 1798년부터 1857 년까지)를 살았다. 지성의 관점에서 볼 때, 1860년 이후로는 아무런 일도 일어나지 않았다는 결론을 내리고 싶은 마음이 꽤 자주 든다. 극단적으로 표 현하자면, 이렇게 하찮은 시대를 살아간다는 건, 특히 그 수준을 끌어올리기가 불가능하다고 느껴 질 때면, 불쾌한 일이다. 나부터도 새로운 철학 사 상은 절대로 만들어내지 못할 것이다. 그게 가능하 다면 지금 내 나이에 이미 몇몇 징조가 보였을 것 이라 생각한다. 그러나 만에 하나 내 주변을 둘러 싼 사유가 조금 더 풍요롭다면, 더 훌륭한 소설을 쓸 수도 있으리란 건 거의 확신하는 바이다.

쇼펜하우어와 콩트 사이에서 갈팡질팡하던 나 는 마침내 결단을 내렸다. 일종의 실현될 수 없는 열정으로 점차 실증주의자가 된 것이다. 그러니까 말하자면 쇼펜하우어의 사상을 더는 따르지 않기로 했다. 그렇지만 콩트의 글을 다시 읽는 일은 거의 없다. 설령 읽는다고 해도, 단순히 즉각적인 재미를 보기 위해서라기보다는 정신적으로 혼란스러운 작가들의 이상한 문체를 접할 때면 흔히 느끼곤 하는 (이미 맛을 들인 뒤라면, 분명 격렬하고) 조금은 변태스러운 만족감을 위해서다. 반면 내가 아는 한, 아르투어 쇼펜하우어만큼이나 글의 첫머리부터 쾌적하고 편안한 독서를 가능하게 해주는 철학자는 한 명도 없다. 이는 "쓰기의 기술"이나 그와 비슷한 허튼소리 같은 차원의 문제가 아니다. 그저 누구나 각각 자신의 사유를 대중이 보는 앞에 뻔뻔하게 선보이기 전에 동의해야 할 사전 조건에 해당한다. 니체는 〔기존에 따르던 쇼펜하우어와 바그너의 사상에서〕 이탈하기 직전에 집필한 《반시대적 고찰》 3권에서 쇼펜하우어 내면의 정직함과 성실함, 올바름을 높이 평가한다. 무뚝뚝하지만 선량한 부류의 사람이라며, 고상한 척하면서 훌륭한 문장을 쓰려는 사람들에 대한 혐오를 알게 해줄 거라고, 니체 특유의 어조로 거창하게 이야기한다. 넓은 의미에서 보자면, 이 책의 목적 또한 그렇다. 쇼펜하우어의 글에서 가장 마음에 들었던 몇몇 부분을 통해, 내가 보기에는 그의 지적인 태도가 미래의 모든 철학자에게 어떠한 이유에서 본보기가 되는지, 그리고 비록 결국에는 그의 의견에 동의하지는 않을지라도 왜 그에게 마음속 깊이 감사함을 느낄 수밖에 없는지 설명하고자 한다. 니체를 다시 인용하자면, "그런 사람이 글을 썼다는 사실만으로도 이 대지 위에서 살아가는 부담이 덜어진 기분"인지를 말이다.

1장

세계는 나의 표상이다

Arthur Schopenhauer

세계는 나의 표상이다. 이 명제는 살아서 사고하는 모든 존재에게 적용되는 진리다. 그러나 이를 추상적이고 자각적인 의식의 상태로 끌어낼 수 있는 것은 오직 인간뿐이다. 인간이 이를 진정으로 의식할 때 그에게 철학적 지성이 생겨났다고 볼 수 있다. 그때 인간은 태양이나 땅을 완전히 확실하게 알게 되는 것이 아니라, 그저 태양을 보는 눈과 땅을 느끼는 손을 갖게 되는 것이다.[1]

쇼펜하우어는 의지의 비극을 강렬하게 묘사하는 회화로 특별한 명성을 얻었다. 이는 안타깝게도 그를 소설가나 아니면 더 심하게는 심리학자의 부류에 빗댐으로써 '진정한 철학자'의 부류로부터는 멀어지게 하는 결과를 초래했다. 그렇지만 정말로 그에게는 토마스 만에게서 찾아볼 수 없으며, 프로이트 Sigmund Freud에게서는 더욱더 찾아보기 힘든 무

---

1 아르투어 쇼펜하우어, 《의지와 표상으로서의 세계》, 1권 1장. 본문에 등장하는 쇼펜하우어의 글은 미셸 우엘벡이 직접 번역했다.

언가가 있다. 그것은 바로 철학의 시초부터 존재해 온 (형이상적, 미적, 윤리적) 질문의 총체에 답하려는 포부를 가진 하나의 완전한 철학 체계이다.

"세계는 나의 표상이다." 어떤 책을 시작하기에 이 보다도 더 솔직하고 깔끔한 첫 문장을 찾긴 어렵다. 바로 이 중요한 명제로부터 쇼펜하우어는 철학적 지성의 출발점을 만들어낸다. 여기서 우리는 그의 철학이 죽음에서 시작하지 않는다는 사실을 알 수 있다. 이에 이어서 인정해야 할 또 다른 사실은 우리의 죽음에 대한 인식이야말로 진실을 추구할 때, 아니면 적어도 그러한 목표를 표방하는 책을 출판할 때 강력한 자극제가 된다는 것이다(이는 사실상 거의 모든 것의 자극제다). 그러나 모든 철학의 시초는 세계에 대한 우리의 인식에서 어떤 차이를, 즉 어떤 불확실성을 자각하는 데 있다. 쇼펜하우어의 철학은 무엇보다도 인식의 조건을 설명하는 인식론이다.

우리 자신의 신체는 이미 하나의 대상$_{Objekt}$[2]이며,

---

2 [옮긴이] 쇼펜하우어의 글에서 독일어 단어 Objekt에 해당하는 프랑스어 object는 '대상'으로 옮겼다.

이러한 관점에서 하나의 표상이기도 하다. 이는 실제로 대상들 가운데 하나에 지나지 않으며, 따라서 대상에 적용되는 법칙을 따르지만, 그저 직접적인 대상일 뿐이다. 신체는 직관의 모든 대상과 마찬가지로, 다수성을 가능하게 하는 시간과 공간, 즉 모든 인식의 형식적 조건들을 따른다.[3]

우리 자신의 신체를 직접적인 대상으로 생각하는 것은 왠지 모르게 위로가 되지만, 실제로 불행의 무한한 원천인 다수성을 인식의 형식적 조건들의 결과로 생각하는 것은 혼란을 불러일으킨다. 이는 그러한 조건들이 칸트가 부여한 불변의 성질을 띠지 않는다는 것을 알면 특히 더욱 그렇다(물론 이에 대한 정립은 20세기가 이루어낸 공로일 것이다).

반대로 중력에는 비록 예외가 없기는 하지만, 그것은 인식 속에 후험적으로 a posteriori 포함되어 있을지도 모른다. 그러나 칸트는《자연과학의 형이상학

---

3 《의지와 표상으로서의 세계》, 1권 2장.

적 기초원리》에서 중력을 선험적으로_{a priori} 인식할 수 있다고 주장한다.[4]

오늘날 우리는 질량이 없어서 중력의 영향을 받지 않는 입자들을 알고 있다. 비유클리드 기하학 같은 것도 안다. 인간은 결국 엄청난 노력을 기울인 끝에, 칸트에 따르면 인식에 선험하는 조건들을, 즉 모든 형이상학을 금지하는 조건들을 초월하는 데 성공했다. 우리 뇌를 통해 정의되어 존재하는 그 조건들은 점점 더 가변성을 띠게 되었다. 어떤 점에서 보면 형이상학은 이중으로 까다로워진 셈이다.

어린아이나 시각장애를 가지고 태어나 수술을 받은 사람이 시각을 학습하는 것, 두 눈을 통해 이중으로 지각되나 결국엔 하나로 보이는 것, 정상적 감각기관이 정상적인 조건을 벗어나 이상이 생겨 이중으로 보고 느끼게 되는 것, 눈에서는 상이 거

---

4 《의지와 표상으로서의 세계》1권 4장.

꾸로 맺힌 물체가 똑바로 인식되는 것, 순전히 눈
안에서 일어나는 기능으로서 색깔이 만들어지는
것, 눈의 활동을 통해 편광偏光이 분리되는 것, 마
지막으로 입체거울 실험까지, 이 모든 현상은 직관
이란 그저 감각적이기만 한 것이 아니라 반대로 지
성적이기도 하다는 것, 다시 말해 오성悟性을 활용
하여 결과를 통해 원인을 인식하는 데 직관이 있다
는 것, 따라서 직관은 인과성을 전제하며, 바로 그
인과성으로부터 모든 직관과 모든 경험이 최초의
완전한 가능성을 끌어낸다는 것에 대한 확고하고
반박할 수 없는 증거가 된다. 따라서 인과성은 흄
의 회의론에서 주장하는 것처럼 경험에서 비롯된
다고는 볼 수 없다. 이로써 흄의 이론은 무너져버
린다.[5]

세상 어딘가에서 계측기를 관찰하는 누군가는
바늘이 기계의 눈금판 위에서 움직인다는 느낌을
받는다. 그 결과 계측기의 눈금판 위에서 바늘이

---

5 《의지와 표상으로서의 세계》1권 4장.

움직였다는 결론을 내린다. 그는 혹시나 하는 마음에 또 다른 관찰자를 찾아가 자신이 관찰한 것을 확인해주기를 바란다. 세상에 존재하는 모든 이론의 모델화 작업은 이렇게 즉각적인 인과성의 요소들에서부터 출발하며, 그 여정의 끝에는 다시 그곳으로 귀결해야 한다. 이러한 측면에서 보면, 쇼펜하우어의 주장은 움직이지 않았다. 관찰이라는 개념은 본질적으로 시간과 공간(바늘이 움직인다)뿐만 아니라, 내적 감각의 차원을 넘어서기 위해서는 필수적인 인과성의 관념(바늘이 움직인다는 느낌을 받았으므로, 바늘은 움직였다) 또한 내포한다.

한편 표상을 대상의 결과로 간주하는 실재론적 교조주의는 사실은 한 몸인 표상과 대상을 분리하여, 표상과는 완전히 구분되는 존재, 즉 주관으로부터 독립적인 대상 그 자체를 만들어내고자 한다. 그러나 이는 도저히 있을 수 없는 일이다. 모든 대상은 주관을 전제하며, 따라서 하나의 표상에 불과하기 때문이다. 이에 맞서 회의주의에서는 교조주의와 동일한 잘못된 전제에서 출발하기는 하나, 표상에는 결과만 있을 뿐 원인은 존재하지 않으며, 따라서 우리는 대상의 존재와는 구별되는 작용만을 알 뿐이라고. 그리고 아마도 이 작용은 대상과는 전혀 닮지 않았으며, 그러므로 교조주의의 주장을 인정한다는 것은 대개 잘못된 일일 것이라고 반박한다. 왜냐하면 한편으로 인과성은 경험에서 도출되며, 다른 한편으로 경험의 실재성은 그 인과성에 근거를 두어야 하기 때문이다.

먼저 이 두 이론에게 표상과 대상은 같은 것이라는 점을 가르쳐줄 필요가 있다. 다음으로 직관을 이루는 대상의 존재는 대상의 작용과 같고, 대상의 실질적인 실재성이 바로 그 작용을 이루며, 주관의 표상 밖에서 대상의 존재를 찾는 것, 사물의 작용 밖에서 사물의 존재를 찾는 것은 무분별하고 모순적인 시도라는 것을 가르쳐야 한다. 실제로 어떤 대상의 작용 방식에 대한 인식은 그 대상의 관념을 대상으로서, 즉 표상으로서 낱낱이 규명한다. 이는 그러한 인식이 그 대상 안에서 더 인식할 수 있는 것을 아무것도 남기지 않기 때문이다. 이러한 의미에서 시간과 공간 속에서 우리에게 명백한 인과성의 형태로 드러나는 직관의 세계는 완전히 실재하며, 그러한 세계가 완전히 거리낌 없이 자처하는 모습, 즉 인과율과 관련된 표상에 완벽하게 부합한다. 이것이 바로 직관의 세계의 경험적 실재성이다. 그러나 다른 한편으로 인과성은 오로지 오성에 의해, 오성을 위해서만 존재하며, 따라서 현실 세계, 즉 작동하는 세계는 언제나 오성을 조건으로 하고, 오성 없이는 아무것도 아닐 것이다. 이러한 이유에서뿐만 아니라, 주관 밖에서는 어떤 대상도 모순 없이는 생각할 수 없으므로, 외부 세계의 실재성이 주관으로부터 독립되어 있다고 정의하는 교조주의자들에게 그러한 실재성이란 존재할 수 없다고 반박해야 한다. 대상의 세계는 그 자체로 하나의 표상이고, 그러한 상태로 머무르며, 그러므로 영원히 언제까지나 주관의 지배를 받는다. 다시 말하자면, 대상의 세계는 선험적 관념성을 지닌다.[6]

---

6 《의지와 표상으로서의 세계》1권 5장.

초기의 비트겐슈타인Ludwig Wittgenstein도 《논리철학논고Tractatus Logico-Philosophicus》에서 "세계는 일어나는 것이다"라고 말하며 비슷한 주장을 펼칠 것이다. 이 책〔《의지와 표상으로서의 세계》〕을 쓸 무렵, (서른도 채 되지 않은) 쇼펜하우어는 이미 두 권의 저서(《충족이유율의 네 겹의 뿌리에 관하여Ueber die vierfache Wurzel des Satzes vom zureichenden Grunde》와 《시각과 색채에 관하여Ueber das Sehn und die Farben》)를 펴낸 이후였고, 마침내 완벽하게 분명한 입장을 갖게된다. 그는 칸트의 비판철학을 자기 것으로 흡수한뒤, 그에 대하여 더욱 솔직하고 정확한 해석을 내린다. 《의지와 표상으로서의 세계》의 앞부분은 그가 초기에 쓴 저서들을 더욱더 명확하게 다룬 총론일 뿐인 것이다.

비트겐슈타인은 자신의 논설을 다음 명제로 간소하게 결론짓는다. "말할 수 없는 것에 대해서는 침묵해야 한다." 이와는 반대로, 바로 그 지점에서 쇼펜하우어는 본인에게 불멸의 영광을 가져다줄 인생의 제2막을 시작한다. 그는 말할 수 없는 것에 대하여 말할 것이다. 사랑, 죽음, 연민, 비극과 고통을 이야기할 것이다. 말을 노래의 세계로 확장하고자 할 것이다. 당시 철학자들 사이에서는 유일하게 (그에게 계속해서 감사의 마음을 가져야 마땅하며, 이렇게나 차분하고도 명석한 동료를 곁에 두고 있다는 사실에 언제나 위안을 받을) 소설가와 음악가, 조각가의 영역으로 과감하게 들어가고자 할 것이다. 물론 인간 정열의 세계는 병, 자살, 살인이 어슬렁거리는 역겹고 대개는 잔인한 세계이므로, 쇼펜하우어도 두려움이 없지는 않을 것이다. 그래도 그는 그러한 시도를 감행할 것이며, (그전에는 탐구되지 않았고 이후로도 거의 탐구되지 않을) 새로운 대지를 철학에 열어줄 것이다. 그렇게 그는 의지의 철학자가 될 것이다. 그리고 그 새로운 영역으로 들어가는 바로 그 순간 그가 처음으로 내리게 될 결정은, 철학자에게는 매우 익숙하지 않을 미학적 관조의 접근법을 사용하는 일일 것이다.

2장

사물을 세심히 들여다보라

지성의 힘에 고무되어 통상적으로 사물을 고찰해
오던 방식을 버리고, 결국에는 늘 우리 자신의 의
지와의 관계로 귀착되는 사물들 상호 간의 관계를
여러 형태의 근거율에 따라 규명하기를 멈출 때,
사물에 대하여 장소, 시간, 이유, 목적을 더는 따지
지 않고 그저 단순히 그 본질만을 고려할 때, 추상
적인 사고와 이성의 원칙이 의식을 사로잡도록 더
는 내버려두지 않고, 그 대신 자기 지성의 온 힘을
직관에 몰두하여 그 안으로 완전히 빠져들어, 풍
경이나 나무, 바위, 건물 등 어떤 것이든 간에 직
접 현존하는 자연의 대상Gegenstand을 평온하게 관
조함으로써 본인의 의식 전체가 가득 채워지도록
할 때, 바로 그 순간 우리는 의미 있는 독일어 표
현을 빌리자면 그 대상에 전적으로 몰입하게 된다.
즉 자신이라는 개체와 자기의 의지를 잊어버리고,
오로지 순수한 주관으로서, 대상을 비추는 맑은 거
울로서 존재하게 되며, 그 결과 대상은 마치 아무
의 지각도 받지 않고 홀로 존재하는 것처럼 되며,
직관하는 자로부터 직관을 더는 구별할 수 없게 된
다. 하나의 유일한 직관적 상이 의식 전체를 채우

고 점령해버림으로써 그 둘이 뒤섞여버리기 때문이다. 그때 마침내 객관은 다른 무언가와 이루는 모든 관계에서 벗어나며, 주관은 의지와의 모든 관계에서 벗어난다. 그러한 상태에서 인식되는 것은 더 이상 개별적 사물 그 자체가 아니라, 이러한 단계에서의 의지의 관념 Idea이자 영구적 형태, 직접적 객관성이다. 그리고 이러한 관조를 통해 포착되는 것은 더는 하나의 개체가 아니게 된다. 개체란 관조하는 그 순간에 사라져버렸기 때문이다. 그렇게 개체는 의지와 고통, 시간에서 해방되어 인식의 순수한 주관이 된다.[1]

모든 예술의 시초를 이루는 순수한 관조에 관한 이러한 묘사는 그 자체로 너무나 명료한 나머지, 우리는 그것이 본래 지니는 혁신적인 성질을 잊어버리는 경향이 있는 것 같다. 쇼펜하우어 이전에는 예술가를 무엇보다도 무언가를 **제작하는** 사람

---

1 아르투어 쇼펜하우어, 《의지와 표상으로서의 세계》 3권 34장.

으로 보곤 했다. 정확히 말하자면 콘체르토[2]나 조각상, 연극 등과 같이 특별한 분야의 까다로운 제작을 의미하겠지만… 어찌 됐든 간에 제작하는 사람이라고 생각했다. 이는 물론 타당한 시각이다. 쇼펜하우어도 작품을 구상하고 실현하는 어려움을 끝까지 등한시하지 않았다. 한편 지금에 와서 이러한 관점으로 다시 돌아가려는 움직임이 있다. 대상을 최소화하여 조금 더 보잘것없게 만들기 위해서다. 소설가를 **이야기꾼**으로 간주하거나, 현대 예술가가 본인의 작업물에 관하여 해설하는 식으로 말이다. 그러나 모든 창작의 원점이자 시작점은 사실상 다른 데 있다. 그것은 세계를 무심하게 수동적으로 관조하려는 타고난 성향 속에 들어 있으므로 가르칠 수 없다. 예술가란 아무것도 하지 않는 것에 언제나 그 누구보다 능할 수 있으며, 세계에 몰입하거나 그와 연관된 불분명한 환상을 품는 것만으로도 만족할 줄 아는 사람이다. 예술이

---

2 [옮긴이] concerto. 독주 악기와 관현악의 합주로 이루어진 소나타 형식의 악곡이다.

대중화되어 상당한 자금을 유통시키는 오늘날, 이는 꽤 우스꽝스러운 결과를 낳는다. 예를 들어 패기 넘치고 수완이 좋으며 활동적인 개인은 예술에 **종사하고자** 하는 포부를 품는다고 해도 대개 그 포부를 절대로 이루지 못할 것이다. 승리의 영광은 모든 면에서 처음에는 **루저**의 모습에 가까워 보였던 보잘것없고 개성 없는 자들에게 돌아갈 것이다. 어느 한 예술가에게 애정을 쏟으며 그 애정에 선행하는 진실들을 어렴풋하게나마 의식하고 있는 출판 간행인(이나 프로듀서, 갤러리스트, 혹은 그밖에 반드시 거쳐야 하는 중개인)이라면, 그 예술가를 생각할 때마다 항상 일종의 걱정스러운 마음이 들 것이다. 그가 무언가를 계속 창작해낼 거라고 어떻게 확신한단 말인가? 물론 예술가라면 돈, 명예, 여자에 민감한 법이다. 그러니 그런 것들로 붙잡아둘 수는 있을 것이다. 그러나 그의 예술의 동기, 즉 그의 예술을 가능하게 만들며 그의 성공을 보장해주는 것은 본질부터 아주 다른 차원의 문제다. 니체는 본인의 철학을 무너뜨린 이러한 진실을 마주하고는 당혹스러운 나머지, 구체적인 반례를 밀어붙여 가며 진실을 무시하고자 했다. 니체에 따르면, 시인이란 본래 최고의 시인에게 수여하는 영광을 정복하고자 하는 욕망으로 늘 자극을 받아왔다. 개지랄하는 소리. 최고의 시인이라는 명성에 어울리는 시인들 가운데 그 누구도 명예로운 보상이나 성적으로 흥분한 여자 팬, 많은 발행 부수에 따라오는 돈을 절대로 거절하지 않았다. 그러나 단 한 명의 시인도 자신의 욕망의 힘과 작품의 힘에 상관관계가 있을지도 모른다고 믿을 만큼 어리석지도 않았다. 그것이야말로 본질적인 것과 부차적인 것을 정말 혼동하는 일일 것이다. 여기서 부차적인 것은 시인도 다른 사람들과 비슷하다는 사실이다(정말로 유별난 사람이라면, 그의 창작물은 그다지 가치가 없을 것이다). 그리고 본질적인 것은 보통 어린 시절이나 광기 혹은 꿈속에서나 가질 법한 순수한 지각 능력을 어른들 사이에서 시인만이 혼자 계속 가지고 있다는 것이다.

앞에서 말했듯이, 자연에서 매일 수천 개씩 제작해 내는 제조품과도 같은 평범한 사람은 관조를 구성하는 요소로서 아무런 사리사욕도 없는 지각 작용을 적어도 지속적인 방식으로는 행할 능력이 없다. 그는 비록 아주 간접적인 관계라고 할지라도 사물이 자기 자신의 의지와 어떤 관계를 맺고 있는 한에서만 그 사물에 주의를 기울일 수 있다. 사물들 상호 간의 관계에 대한 인식만을 요구하는 이러한 관점에서 볼 때, 사물에 대한 추상적인 개념은 그 자체만으로 충분하며 대개는 더욱 유용하기까지 하므로, 평범한 사람은 순수한 직관에 오래 머물지 않으며, 하나의 대상에 시선을 오래 고정하지도 않는다. 오히려 그와 반대로 마치 게으른 사람이 의자를 찾듯이, 자기 앞에 놓여 있는 것 중에서 대상을 정리해 넣을 수 있는 개념을 재빠르게 찾아내려 애쓸 것이며, 그리고 나서는 곧바로 흥미를 잃어버릴 것이다.[3]

이 대목은 예술 분야에서 비평적 탁월함이 작품에서의 훌륭함만큼이나 희귀한 이유를, 왜 이 둘

---

3 《의지와 표상으로서의 세계》3권 36장.

이 사실상 같은 차원의 문제인지를 부수적으로 설명해준다. 쇼펜하우어의 관점에서 볼 때, 한 편의 예술 작품이란 일종의 자연 생산물이며, 따라서 자연과 마찬가지로 간결한 목적성과 꾸밈없는 성질을 가지기 마련이다. 비평가는 예술 작품을 관조할 때, 예술가가 자연의 창조물을 대할 때와 똑같이 순수하고 관조적인 주의를 기울여야 한다. 이러한 조건이라면 그의 비평 또한 그 자체로 하나의 예술 작품이 될 것이다(한편 기존의 예술 작품을 새로운 작품에 활용하는 행위는 늘 조금도 어렵지 않게 행해져 왔으며, 기존 작품이 삶에서 직접 끌어온 관찰에 비해 큰 어려움 없이 새로운 작품 안으로 들어가는 모습을 보게 될 것이다. 그 안에는 어떤 불연속이나 휴지休止도 존재하지 않는다). 이와 반대로 만약 비평가가 작품을 가져다가 정리해 넣을 개념을 찾아 그 안에 작품을 **위치시키고자** 한다면, 즉 다른 작품들과 비교하거나 대조해서 또는 그것들을 기준으로 삼아 그 위치를 지정하고자 한다면, (쇼펜하우어의 용어로 말하자면) 작품을 관계의 관점에서 살펴보고자 한다면, 그 작품의 본질은 놓쳐버리고 말 것이다.

　구름 한 점 없는 하늘 아래 지평선이 끝없이 펼쳐
지는 아주 황량한 지역에 와 있다고 생각해보자.
바람이 불지 않는 가운데 초목이 서 있고, 동물도
사람도 흐르는 물도 없이 가장 깊은 정적만 감도는
곳 말이다. 그런 환경은 진지해지라는 외침, 의지
와 보잘것없는 것에서 떨어져 관조하라는 호소와
도 같다. 이는 아무것도 없이 황량하고 극한의 적
막이 감도는 그러한 장소에 숭고의 색채를 더해준
다. 실제로 그러한 환경은 의지의 시시콜콜한 노력
과 기대에 그 어떤 대상도, 그게 유리하건 불리하
건 관계없이 아무것도 제공하지 않으므로, 순수한
관조의 가능성만을 남겨놓기 때문이다.[4]

　미학적인 측면에서 니체의 사상은 다른 많은 관
점들에서와 마찬가지로, 쇼펜하우어의 사상과 정
확히 정반대된다고 해도 과언이 아니다. 심지어 니

---

4 《의지와 표상으로서의 세계》 3권 39장.

체는 스탕달Stendhal의 유명한 문장인 "미美란 행복의 약속이다"에 보편적인 의미를 부여할 정도로 어리석음을 밀고 나갈 수도 있을 것이다. 그러나 이 문장은 분명 여성의 미를 이야기하고 있다. 스탕달은 더 정확하게 '에로티시즘eroticism은 행복의 약속이다'라고 쓸 수도 있었을 것이다.

숭고의 감정은 의지에 아주 호의적이지 않은 어떤 사물이 순수한 관조의 대상이 되면서 생겨나며, 이때 이 순수한 관조는 오로지 끊임없이 의지에서 멀어져 의지의 관심 이상으로 올라서야만 유지될 수 있다. 바로 그때야말로 이러한 의식 상태에서 숭고미가 만들어지는 것이다. 이와 반대로 매력은 의지를 흥분시킬 수밖에 없는 즉각적 쾌락을 가져다주는 대상을 제시함으로써 아름다운 것을 이해할 때 필수적인 순수한 관조의 상태 바깥으로 관람자를 끌어내린다. 그러한 대상으로 인해 관람자는 인식의 순수한 주관의 상태를 벗어나 의욕 없는 예속된 주관이 되어버린다. 보통은 미소를 짓게 할 만큼 아름다운 모든 것에 적용되는 매력이라는 개넘은 분명한 구분의 결여로 인해 그 범위가 과하게 확장되어 있는데, 내 생각에 이 점에 대해서는 덮어두고 넘어갈 필요가 있다. 이제 막 설명한 의미에 따르면 예술의 영역에는 딱 두 종류의 매력이 있는데, 나로서는 둘 다 예술과 어울리지 않는다고 생각한다. 첫 번째는 아주 저속한 종류의 매력으로, 네덜란드 화가들의 정물화에서 음식을 실제와 너무나 비슷하게 그려내기 위해 정도를 벗어난 나머지 식욕만 자극하게 되어버린 경우이다. 의지의 자극이 대상의 미적 관조에 확실한 마침표를 찍어버린 것이다. 과일의 경우, 그것을 먹을 수 있다는 생각만 하지 않는다면, 그저 꽃이 열매로 발전한 것으로서 그 자체의 형태와 색을 통해 아름다운 자연의 산물로 그려지기만 한다면, 아직은 봐줄 만하다. 반면에 굴이나 청어, 바닷가재, 버터 바른 빵, 맥주, 포도주 등이 차려진 식탁을 실제와 아주 똑같이 그려낸 경우는 안타깝게도 비난을 면하기 어렵다. 역사화나 조각상의 매력은 나체 그 자체에 있으며, 그 몸이 취하고 있는 자세나 옷이 벗겨진 모습, 이를 드러내는 방식은 관람자가 음탕한 기분을 느끼도록 자극하는 것을 목표로 한다. 그 결과 미적 관조는 즉시 사라지며, 이는 예술의 목적에 반하는 것이다. 이러한 과실은 앞에서 네덜란드 화가들에 대하여 지적했던 결함과 완전히 일치한다. 고대에는 예술가가 값싼 욕망이 새겨진 주관적인 정신이 아니라 이상적인 미美로 가득 채워진 객관적인 정신으로 대상을 창조했기 때문에, 설령 그 조각상이 아무리 아름답고 발가벗고 있다고 해도, 그러한 실수는 거의 항상 피할 수 있었다. 매력은 결국 그렇게 예술에서 언제나 기피의 대상이 되어버린 것이다.

한편 방금 설명한 적극적인 매력보다 더욱 비난받아 마땅한 소극적인 매력도 존재한다. 그것은 바로 불쾌감이다. 이는 엄밀한 의미에서 말하는 매력과 마찬가지로 관람자의 의지를 자극하여 순수한 미적 관조를 방해한다. 그러나 불쾌감의 자극으로 인해 생겨나는 건 격심한 혐오감과 반감이다. 불쾌감은 관람자를 두렵게 하는 대상을 제시함으로써 그의 의지를 자극한다. 따라서 오래전부터 사람들은 예술에서는 불쾌감을 허용하지 않는다고 인식해왔다. 설령 추함조차도 불쾌감을 일으키지 않는 이상 예술 안에서 정당한 자리를 찾을 수 있을지라도 말이다.[5]

고어 장르에 대한 언급 없이 내려진 이런 판결은 어렵지만 필연적인 문제를 불러일으킨다. 실제로 비극에서는 굉장히 자주—거의 필수적으로—잔혹한 범죄를 활용한 반면, 그러한 범죄가 무대 위에서 재연될 수 있는지에 대해 답하기까지는 시간이 꽤 걸렸다. 그리고 이에 돌아오는 답변은 대개 부정적이었다. 마치 비극의 정서를 이루는 연민의 감정이 심하게 폭력적인 감각의 참여로 인해 혼동될 위험이라도 있다는 듯이 말이다.

이와 마찬가지로 관람자의 성적 욕망을 자극하는 것(이른바 **에로티시즘**)이 예술 작품과는 완전히 정반대된다는 쇼펜하우어의 주장을 쉽게 받아들인다면, 발가벗은 인간의 표상은 가장 고전적인 주제 중 하나로 남을 것이다. 그리고 성적 행위의 표상(**음**

---

5 《의지와 표상으로서의 세계》 3권 40장.

란물) 그 자체는 객관적인 방식으로, 즉 (충동은 물론) 욕망을 자극하지 않고 이루어질 수만 있다면 예술의 영역에 속할 수도 있을 것이다. 이러한 구별은 실재적이고, 경험하기 쉽지만(발기만큼 확실하게 관찰할 수 있는 건 없으니까), 개념화하기에는 매우 까다롭다. 간단한 사례가 몇 가지 있는데, 쇼펜하우어도 이를(옷이 벗겨진 선정적인 모습, 모델의 음란한 자세나 표현 등을) 지적하고 있다. 그밖에 다른 경우는 나체를 "표상하는 일반적인 방식"이 반론의 여지가 없을 만큼 미세한 차이를 만들어내는 것이다.

한편으로 현존하는 모든 사물은 모든 관계를 벗어나 순전히 객관적으로 고찰될 수 있으며, 다른 한편으로 의지는 특정한 수준의 객관성을 지닌 채로 모든 사물 속에서 드러난다. 그렇게 모든 사물은 하나의 관념에 대한 표현이 된다. 그 결과 모든 사물은 아름답다.[6]

---

6 《의지와 표상으로서의 세계》 3권 41장.

뒤샹의 "그림을 완성하는 관람자"[7]와 레디메이드 등과 같은 20세기 예술을 접한 우리가 보기에, 이러한 생각은 그다지 놀라울 것이 없다. 그러나 쇼펜하우어가 표명했던 당시만 해도 이러한 생각은 너무나도 완전히 새로웠던 나머지, 그의 동시대 사람들은 이를 미처 깨닫지도 못한 것처럼 보인다. 여기서 강조해야 할 사실은 쇼펜하우어에게 미美란 세상에 존재하는 다른 객관들을 배제하고 특정한 객관들에만 해당하는 속성이 아니라는 것이다. 따라서 미의 발현은 기술적인 능력으로 가능한 것이 아니다. 오히려 미에는 모든 사리사욕 없는 관조가 필수적으로 동반한다. 이를 쇼펜하우어는 "어떤 사물이 아름답다고 말하는 것은, 그것이 우리의 미적 관조의 대상이라고 표현하는 것이다"라는 문장을 통해 더욱더 적나라하게 드러낸다. 게다가 그는 예술에서 성

---

7 [옮긴이] Marcel Duchamp(1887~1968). 프랑스의 화가. 다다이즘 운동을 이끌던 핵심적인 인물로서 최초로 '개념 미술'을 창시하며 미의 개념을 새롭게 정의했다. "그림을 완성하는 건 관람자다"라는 유명한 말을 남겼다.

찰과 개념을 사용하는 것을 분명하게 비난한다.

> 관념이란 직관적이고 계속 직관적일 것이므로, 예
> 술가는 자기 작품의 의도와 목적을 추상적으로 의
> 식하지 않는다. 그를 안내하는 것은 개념이 아니라
> 관념이다. 따라서 그는 본인이 행하는 방식에 대해
> 어떤 식으로든 해명할 수 없다. 사람들이 흔히 말
> 하는 것처럼, 그는 느낌에 따라 무의식적으로, 정
> 말이지 본능적으로 작업하는 것이다.[8]

모든 욕망과 세상에 존재하는 객관의 총체로부
터, 모든 고찰로부터 벗어나 평온하게 관조하는
것. 이게 바로 굉장히 참신하면서도 단순하고, 낭
만주의나 고전주의와는 사실상 거리가 먼 쇼펜하
우어의 미학이다. 이러한 견해는 실제로 서양 문
명의 역사에 속하지 않으며, 여기서 우리는 쇼펜
하우어가 "가장 근본적인 사상"에, 즉 니체가 말
했던 것처럼 "미지의 불교라는 위험을 서양에 감

---

8 《의지와 표상으로서의 세계》 3권 49장.

돌게 할" 사상에 접근하는 최초의 신호를 포착할 수 있다.

직관의 우월성에 관한 이토록 간결한 고찰은 나아가 실제로 흥미로운 결과를 낳는다. 먼저 예술가와의 **대담**에 기울일 수 있는 관심의 한계를 설정해준다. 풍부한 개념적 상상력을 갖춘 예술가들의 경우(실제로 종종 있다), 본인의 작품에 대하여 이런저런 해석을 만들어내며 재미를 볼 수는 있겠지만, 이를 완전히 진지하게 이행하는 일은 절대 없을 것이다. 쇼펜하우어의 고찰은 특히 예술 교육이 벗어나서는 안 되는 아주 좁은 경계 구역을 지정해준다. 오래된 거장을 개인적으로 탐구하는 것이야말로 실제로 유일하게 가치 있는 일이며, 심지어는 이조차도 하지 않을 수 있다. 만약 쇼펜하우어의 입장을 따른다면, 예술 학교에서 이룰 수 있는 최고의 혁신이란 그저 문을 닫는 일일 것이다. 한편 그가 보기에 철학 교육의 경우도 상황은 마찬가지다. 이 두 경우를 비교하는 것은 의미 있는 작업일 것이다. 실제로 쇼펜하우어는 논증을 자주 펼치고, 그의 뛰어난 지적 능력을 통해 주제가 요구하는 수

준에 어울리는 뛰어난 논거를 제시할 수 있었지만, 이와는 달리 그의 철학 사상의 핵심, 즉 그가 진정으로 발전시키고자 하는 근본 원칙은 개념의 왕국에 속하지 않는다. 오히려 이는 아마도 1810년 중반 무렵부터 생겨난 듯한, 본디 미적인 성질의 유일한 직관 속에 들어 있다.

3장

그렇게 삶의 의지가 객관화된다

세심한 시선으로 사물을 바라보면, 떨어지는 물이 깊은 땅속을 향해 돌진해 나아갈 때, 자석이 끌리는 극을 향해 끊임없이 방향을 틀 때, 쇠붙이가 자석을 향해 달려들 때 발생하는 저항할 수 없는 엄청난 압력을, 두 전극이 서로 붙으려는 격렬함, 인간의 욕망처럼 그 사이에 장애물이 있으면 더욱더 커지는 그런 격렬함을 보고 있으면, 결정結晶이 형성되는 신속성과 그것이 응고되는 과정에서 몇몇 엄격한 법칙을 따라 오직 여러 방향으로 향하려는 움직임이 갑작스럽게 멈추면서 생겨나는 규칙성을 보고 있으면, 고체 상태에서 벗어나 자유로운 액체 상태로 돌아간 물체들이 서로를 찾거나 피하고 한데 모이거나 따로 분리되는 방식을 눈여겨 살펴보면, 마지막으로 우리가 어떤 무거운 물체가 땅으로 끌어당겨져 떨어지는 것을 몸으로 저지할 때 그 물체가 가던 길을 계속 가기 위해 우리 몸을 어떻게 끊임없이 누르고 밀어붙이는지를 유심히 살펴보면, 애써 엄청난 상상력을 동원하지 않아도, 비록 먼 거리에서긴 하겠지만, 우리 자신의 본질을 다시 인식할 수 있을 것이다. 인식이라는 빛을 받으며 우리 안에서 자신의 목적을 추구하는 본질, 그러나 그것이 가장 희미하게 드러나는 현상에서는 맹목적 이면서도 암암리에 꾸준한 노력을 펼치는 바로 그 본질 말이다. 고로 본질이란, 새벽의 여명이 대낮의 햇살과 함께 햇빛이라는 명칭을 공유하듯이, 어디서나 한 가지로 비등하게 존재하는 것이므로, 이 경우에는 의지라는 이름을 지녀야만 한다. 바로 이 의지야말로 세계에 존재하는 각각의 사물의 존재와 모든 현상의 유일한 핵심을 지칭하는 것이다.[1]

이 문단에서는 쇼펜하우어의 예술 방식이 전형적으로 드러난다. 그것은 바로 그가 오랫동안 심오한 관조를 통해 밝혀낸 유추를 우리에게 느끼도록 하는 것이다. 한편 사물은 정확히 그 반대 방향으로 만들어질 수 있다. 탐스러운 몸매를 가진 아가씨에게 끌리도록 하는 즉흥적이고 순수하며 완전히 충동적인 욕망을 생각해보자. 그리고 정반대로 어떤 위험한 존재 앞에서 우리를 무력화시키는 비

---

1 아르투어 쇼펜하우어,《의지와 표상으로서의 세계》2권 23장.

자발적인 뒷걸음과 눈앞에서 신체의 고통을 바라볼 때 우리를 압박해오는 고통을 들여다보자. 자연의 힘에서 생겨나 영원히 한결같이 작동하는 원초적인 힘을, 이성의 중재를 받아 언어를 통해 이해하고 표현할 수 있게 된 이 힘을 어떻게 알아보지 못한단 말인가? 이는 세계를 의인화했다기보다는 인간의 정열을 기계화한 것이다. 겉으로 보이는 것 너머에 무엇이 같은지를 인식하는 것이자, 체계 전체가 기반하는 중대한 용기를 정당화하는 것이다. 형이상학적 연구 방법론으로서 자기 성찰을 활용하는 셈이다.

스피노자는 (《서간집》 서신 62에서)[2] 어떤 충격을 받아 공중으로 내던져진 돌에 의식이 있다면, 그 돌은 본인이 자기 자신의 의지로 움직인다고 생각할 거라고 말한다. 이에 나는 그저 돌의 생각이 옳

---

2 [옮긴이] 바뤼흐 스피노자Baruch Spinoza, 〈서신 58. 스피노자가 슐러에게—서신 57에 대한 회신〉, 《스피노자 서간집Spinoza Opera IV. Epistolae》, 이근세 옮김, 아카넷, 2018.

다고만 덧붙이려 한다. 돌에게 충격이란 나에게 동기動機나 마찬가지이며, 돌 안에서 일관성, 중력, 지속성으로 보이는 것은 내적 본질을 따져보면 내가 내 안의 의지로 인식하는 것과 같다. 그리고 만약 돌이 인식을 가지고 태어났다면, 그 돌조차도 그것을 의지라고 인식할 것이다.[3]

한편 스피노자는 "모든 존재는 자신의 존재 안에서 지속하고자 한다"라고 말한다. 이 대목은 쇼펜하우어의 사상에서 의지 개념이 얼마나 과하게 일반적으로 사용되는지, 그리고 이를 심리주의가 아닌 다른 관점에서 접근하는 것이 얼마나 중요한지를 잘 보여준다.

만약 콩트가 본인과 동시대를 살았던 독일 철학자가 고안해낸 의지의 형이상학을 익히 알고 있었다면, 그는 그 안에서 페티시즘[4]의 놀라운 회귀를

---

3 《의지와 표상으로서의 세계》2권 24장.

4 [옮긴이] fetishism. 원시 종교에서 어떤 대상에 초자연적인 힘이 들어 있다고 믿으면서, 이러한 주물을 맹목적으로 숭배하는

틀림없이 보았을 것이다. 이는 심지어 급진적인 페티시즘이라 할 수 있는데, 콩트가 애덤 스미스Adam Smith를 인용하며 밝히고 있듯이, "그 어떤 국가나 어떤 민족에서도 중력에 대한 숭배는 찾아볼 수 없기" 때문이다. 그러한 일은 초기의 콩트에게 역사의 흐름에 대한 본인의 분석에 반하는 흥미로운 반례로 보였을 것이다. 반대로 후기의 콩트라면 유일하게 감정적인 애착을 만들어낼 수 있어서 새로운 종교를 창설하는 데 유일한 기반이 될 페티시즘의 회귀라는 착상에 점점 더 빠져들었을지도 모른다. 그러나 (콩트가 세상을 가리키기 위해 사용했던 특이한 호칭을 빌리자면) "그랑 페티슈Grand Fétiche "5는 쇼펜하우어의 사상에서는 그러한 애착을 전혀 불러일으키지 않는다. 종교는 오로지 공포를 통해서만 아주 잘 살아남을 수 있는 법이다(모든 일신론의

현상이다. 정신분석학에서 신체 일부나 특정한 물건에서 느끼는 성적 쾌감을 가리키기 위해 사용하는 '성적 도착증'이라는 의미의 페티시즘과는 구별된다.

5 [옮긴이] 우리말로는 '위대한 주물'이라는 뜻이다.

경우가 그렇다). 이는 오히려 콩트의 의도가 아니었다. 그러나 그의 말년이 강렬하면서도 약간은 혼란스러운 지적 활동으로 특징지어지며, 그에게는 종교적 총론을 마무리할 시간이 없었다는 사실은 짚고 넘어갈 만하다.

사실 목표나 한계의 부재는 끝없는 노력인 의지 그 자체에 필수적이다. 이미 앞에서 원심력의 경우를 언급하면서 다룬 바 있는 이러한 현상은 의지의 객관성이 가장 낮은 수준에서, 즉 최종 목표를 달성하기가 불가능한데도 끊임없는 노력을 기울이며 확실하게 모습을 드러내는 중력에서 가장 단순한 형태로 나타난다. 모든 물질이 중력의 의지에 부합하여 고밀도의 한 덩어리로 뭉쳐진다고 생각해 보자. 이때 중력은 그 중심을 향해 나아가려고 애를 쓰면서 강성이나 탄성의 형태로 불가입성에 맞설 것이다. 물질의 노력은 오로지 연속적일 수 있을 뿐, 절대로 실현되거나 충족될 수는 없다. 의지의 모든 발현이 기울이는 노력도 마찬가지다. 성취된 목표는 또 하나의 새로운 경로의 출발점이며,

이는 끝없이 이어진다. 식물은 자신의 발현 과정에서 싹을 줄기, 잎, 꽃, 열매로 끌어올리지만, 열매는 또 하나의 새로운 싹의 시작, 즉 오래된 길을 또다시 밟아나갈 새로운 개체일 뿐이며, 이는 영원히 계속된다. 동물의 생명도 마찬가지다. 생식은 생명의 최고점이며, 그 이후 초기 개체의 생명은 다소 빠르게 파멸해버리지만, 또 하나의 새로운 개체가 종의 보존을 보장하며 같은 현상을 되풀이한다. 유기체를 이루는 물질이 끊임없이 갱신하는 것도 이처럼 계속해서 이어지는 성장과 변화의 발현으로 이해해야 한다. 생리학자는 더 이상 이 과정을 그저 운동으로 소모되는 물질이 필수적으로 갱신되는 것으로 보지 않는다. 기계에서 일어날 수 있는 마모가 양분을 계속해서 주입하는 것과 같을 수는 없기 때문이다. 영원한 생성, 끝없는 흐름이야말로 의지의 본질이 발현된 것이다. 그 실현이 마치 우리 의지의 최종 목표라도 되는 것처럼, 우리 앞에서 늘 반짝거리는 인간의 계획과 소망에서도 이러한 현상이 쉼 없이 이어진다. 그러나 그런 계획과 소망은 달성되기가 무섭게 더는 알아볼 수 없게 되며, 오래된 물건처럼 곧 잊어버리게 된다. 사실대로 말하자면 비록 대놓고 인정하지는 않을지라도, 사라진 환상처럼 덮어두게 될 것이다. 소망과 열망을 그대로 가지고 있다면 정말 아주 행복한 사람이다. 그는 자신의 소망을 실현하기 위해, 그리고 거기서 또 다른 소망으로 넘어가기 위해 전진할 수 있을 것이다. 이러한 전환은 속도가 빠를 때 행복이 되고, 속도가 느릴 때는 불행이 된다. 그래도 적어도 생명을 정지시킬 만큼 끔찍한 권태이자, 특정한 대상이 없는 희미한 동경, 치명적으로 무기력한 정체停滯로는 빠지지 않을 것이다.[6]

사람들은 그동안 쇼펜하우어를 발타자르 그라시안[7]이나 프랑스 모랄리스트[8] 사상가들에 너무나도

---

6 《의지와 표상으로서의 세계》 2권 29장.

7 [옮긴이] Baltasar Gracián(1601~1658). 스페인의 작가이자 예수회 사제이다.

8 [옮긴이] 16-17세기 프랑스에서 인간성에 대해 성찰한 작가들로, 대표적으로 몽테뉴Michel de Montaigne(1533~1592)

자주 견주어왔다. 사실대로 말하자면, 때로는 쇼펜하우어 본인이 이러한 비교를 조장하기도 했다. 실제로 그가 남긴 훌륭한 문장들 가운데 많은 부분이 구약성경 전도서의 한 구절을 자주 환기한다. "만물의 피곤함을 사람이 말로 다 할 수 없다."[9] 인간의 활동이 유일하게 무無의 표시를 지니지는 않으며, 심지어 인간의 활동이 유달리 그 표시를 더 지니는 것도 아니다. 자연, 온 자연은 휴식도 목표도 없는 무한한 노력이다. "다 헛되어 바람을 잡으려는 것이다."[10] 쇼펜하우어라면 20세기에 형성된 부조리라는 발상을 얼마나 미흡하다고 생각했을지 헤아려볼 수 있다. 그에게 가장 명백한 부조리의 예는 끊임없는 중력 작용이었다. 실제로 인간에

와 파스칼(1623~1662), 라 로슈푸코François de la Roche-foucauld(1613~1680) 등이 있다.

9 [옮긴이] "만물의 피곤함을 사람이 말로 다 할 수 없나니 눈은 보아도 족함이 없고 귀는 들어도 차지 아니하는도다"(《성경》 개역한글, 전도서 1: 8).

10 [옮긴이] "내가 해 아래서 행하는 모든 일을 본즉 다 헛되어 바람을 잡으려는 것이로다"(《성경》 개역한글, 전도서 1:14).

게 주어진 운명의 부조리는 오로지 인간이라는 존재에 초월적인 가치를 선험적으로 부여할 때만 특별히 충격적으로 느껴진다. 요컨대 기독교적 관점 또는 엄밀하게는 정치의 관점에서 바라본다면, 이 독일 철학자의 사상과 의견을 달리 할 여지가 전혀 없다.

만약 이 세계를 그 전부로 받아들일 수 없다면, 삶에 대해 특별한 경멸을 느끼는 것이 금지 사항은 아니다. "인간의 삶"이 아니라, 삶 그 자체에 대해서 말이다. 동물의 삶은 단순히 부조리한 수준을 넘어 잔혹하기까지 하다. 아리스토텔레스에 이어 쇼펜하우어는 이렇게 외친다. "우리를 포함해서 이놈의 자연이라는 게 참 끔찍하기도 하지!" 마치 심연처럼 깊고도 깊으며 고뇌와 공포의 위엄을 풍기는 어마어마한 마지막 문장과 함께, 그 뒤로 이어질 대목은 일종의 쇼크를, 즉 마치 삶의 경험으로 쌓인 어수선한 감정들이 결정結晶으로 급격히 굳어가는 것처럼 결정적인 **각성**을 불러일으킬 수 있는 부분 중 하나이다. 이에 대해 역사의 어떤 한 특정한 순간에 누군가가 딱 한 마디 말을 덧붙일 수 있다는 건 상상하기가 어렵다. 다음 글은 특별히 자연보호론자들에게 바치고 싶다.

한편 그러한 현상의 총체에서 노력의 덧없음과 무의미함을 가장 쉽게 포착할 수 있는 곳은 한눈에 보기에 단순하고 간단한 동물의 삶이다. 여기서는 조직의 다양성, 즉 각 조직이 자신의 환경과 먹잇감에 알맞게 적응하는 완벽한 수단이 정당화할 만한 목적의 부재와 날카롭게 대비된다. 그런 목적이 자리해야 할 곳에서는 필요를 조건으로 하는 순간적인 쾌락의 찰나와 오랫동안 수없이 이어져 온 고통, 끊임없이 계속되는 전투, 벨룸 옴니움Bellum omnium,[11] 각자가 사냥꾼인 동시에 사냥감이 되는 상황, 소요, 박탈, 궁핍과 공포, 비명과 아우성만이

---

11 [옮긴이] 라틴어 표현인 "만인의 만인에 대한 투쟁Bellum omnium contra omnes"은 17세기 영국 정치 철학자 토머스 홉스Thomas Hobbes(1588~1679)가 《시민론De Cive》(1642)의 서두에 쓴 문장으로, 자연 상태에서 이기적인 인간을 나타내는 말로 유명하다.

보일 뿐이다. 그리고 이는 그렇게 영원히,[12] 아니면 언젠가 지구의 표면이 다시 한 번 폭발하는 그날까지 계속될 것이다. 융후흔[13]은 자바[14]에서 한없이 길게 펼쳐진 뼈 밭을 발견한 뒤, 과거에 전쟁이 일어났던 장소라고 생각했다고 밝힌다. 그러나 그것은 사실 길이는 5피트에 폭과 높이가 3피트인 거대한 거북이들의 뼈대일 뿐이었다. 바다에서 나온 거북이들이 알을 낳기 위해 그 길을 지나가다가 야생개들(카니스 루틸란스Canis rutilans)의 습격을 받은 것이다. 개들은 힘을 합쳐 거북이들을 뒤집고, 등 껍질 아랫부분과 배 부위의 작은 껍질을 물어뜯어 그렇게 산 채로 먹어치웠다. 그러나 대개는 곧 호랑이 한 마리가 나타나 개들을 향해 달려든다. 이러한 유린은 한 해 한 해가 지날 때마다 무수히 반

---

12 [옮긴이] 원문에서는 신약성경의 그리스어 원문에 쓰인 표현인 "In saecula saeculorum(영원히)"을 사용했다.

13 [옮긴이] Franz Wilhelm Junghuhn(1809~1864). 네덜란드의 식물학자이자 지리학자이다.

14 [옮긴이] Java. 인도네시아의 중심에 위치하는 섬이다.

복되어 일어난다. 그 거북이들은 그럴 목적으로 태어난 것이다. 무슨 죄를 지었길래 그렇게나 극심한 고통을 겪어야 한단 말인가? 왜 이렇게까지 끔찍한 장면이 벌어져야 하는가? 이에 내릴 수 있는 답은 오직 하나뿐이다. 그렇게 삶의 의지가 객관화되기 때문이다.[15]

---

15 쇼펜하우어가 《의지와 표상으로서의 세계》 28장을 수정하면서 추가한 내용.

4장

세계라는 연극

쇼펜하우어가 남긴 (그 말인즉, 문학을 통틀어) 가장 인상적인 은유는 대부분 연극의 영역에서 빌려온 것이다. 연극의 한 장면에서 표상으로서의 세계는 가장 단순한 표현으로 축소된다. 원칙적으로는 실재하지 않는 무대는 미적 관조의 대상이 될 수 없으며, 이렇다 할 장애물 없이 무無로 축소될 수 있다. 존재하는 무대는 연극 작품의 진정한 문제를 강조하는 것 말고는 아무런 기능도 하지 않는다. 그건 바로 열정들의 충돌이다.

인간이 성찰 속으로 물러나는 것은 마치 이제 막 극의 한 장면을 마친 배우가 다음 장면을 기다리는 동안 관객들 사이에 자리를 잡은 뒤, 설사 극 중에서 본인이 맡은 역할이 죽음을 기다리고 있다고 할지라도, 그곳에서 벌어지는 상황을 관조하다가 본인의 책임을 다하기 위해 다시 무대 위로 돌아가 고통받는 걸 감수하는 것과 마찬가지다.[1]

---

1 아르투어 쇼펜하우어,《의지와 표상으로서의 세계》1권 16장.

이러한 극적 장치는 특히 연극의 인위적이고 상징적인 특성을 내세울 때 사용된다. 그리고 실제로 이성에 기초하는 도덕 체계에는 조금 인위적인 구석이 있다. 《의지와 표상으로서의 세계》 1권의 마지막 장에서 쇼펜하우어는 이성의 기능이라는 토대 위에 삶의 행동 원칙과 도덕을 세워 올리려고 했던 (스토아학파) 사람들의 사례를 다루는데, 이에 대한 그의 분석은 다음과 같은 결론에 다다른다.

스토아학파 윤리학이 도달한 근본적 모순은 그들의 이상형, 즉 스토아적 현자가 그들의 설명으로도 그 어떤 삶이나 시적 진실을 제시하지 못하며, 아무짝에도 쓸모가 없는 데다가 본인조차도 자신의 지혜로 뭘 해야 할지 모르는 고집만 센 무기력한 허수아비일 뿐이라는 사실에서 더욱더 잘 드러난다. 그 현자에게 평온, 만족, 행복이란 인간의 본성과 너무나도 정반대되는 것이니, 그에 대해서는 직관적으로 표상하는 것조차 불가능하지 않은가?[2]

---

2 《의지와 표상으로서의 세계》 1권 16장.

쇼펜하우어 본인도 결국 《인생론》에서 실천적 지혜에 대하여 스토아학파의 입장과 꽤 비슷한 조언을 제시한다는 점에서, 이와 같은 비난은 더욱더 충격적이다. 실제로 행복한 인생의 존재를 전제하는 이 저서는 타협에 근거를 두며, 이를 집필하기 위해 쇼펜하우어는 "본인의 진정한 철학이 다다른 고상한 형이상적·도덕적 관점에서 완전히 멀어져야만" 했다. 앞의 발췌문은 **인생의 지혜** Lebenweisheit 라는 개념이 이차적으로 가지는, 그렇다고 해서 덜 중요하지는 않은 한계를 보여준다. 게다가 그가 사용한 논거는 놀라울 따름이다. 스토아적 현자를 규탄하고 그러한 자의 존재를 불가능하게 만드는 것은 그의 성격에 **시적 진실이 부재하기** 때문이라니. 그때까지만 해도 그 어떤 철학자도 시를 그렇게까지 진지하게 다루지는 않았다.

종종 자유롭고 충만한 의욕(기쁨)으로서, 그보다 더 자주 억압된 의욕(슬픔)으로서, 언제나 감정과 열정과 정신 상태로서, 서정시인의 의식을 채우는 것은 의욕의 주체, 다시 말해 자기 자신의 의지다.

그러나 시인은 이러한 상태를 한편에 두는 동시에 주변 자연에 눈길을 돌리며, 바로 그 시선을 통해 자기 자신을 인식의 순수한 주체로 자각하고 의욕에서 독립하게 된다. 바로 이때 그의 영혼의 견고한 평화는 언제나 억압되어 있어 늘 무언가를 갈망하는 의욕의 충동과 대조를 이룬다. 이러한 대조와 교차의 느낌은 서정시 전반에서 드러나는 감정으로, 요컨대 영혼의 서정적인 상태를 형성한다. 이러한 상태에서 순수한 인식은 의욕과 그로 인한 고뇌로부터 우리를 해방시킨다. 바로 그때 우리는 스스로를 그러한 인식에 맡기게 되지만, 이는 그저 찰나의 순간일 뿐이다. 의지가, 개인적인 목적에 대한 회상이, 우리를 평온한 관조에서 언제나 또다시 끌어내 버리기 때문이다. 그러나 다른 한편으로는 우리가 의욕에서 해방된 인식을 가지게 해주는 주변 환경이 그 아름다움을 통해 우리를 또다시 유혹해온다. 그래서 노래나 서정적 영감 속에는 주변 환경에 대한 의욕(개인의 탐욕스러운 목적)과 순수한 직관이 놀라우리만큼 서로 섞여 있는 것이다. 그렇게 의욕과 직관 사이의 연관성을 탐구하고 상

상하게 된다. 주관적인 심사心思와 의욕의 감정은
주변 세계의 직관에 관여하며, 역으로 그 세계에서
색깔을 빌려온다. 진정한 서정시란 이렇게 서로 뒤
섞이고 공유된 정신 상태에 대한 흔적인 것이다.[3]

이렇게 찬란한 분석에 대하여 나는 그저 한마디
만 덧붙이고 싶다. 그것은 바로 도시적 시풍이 비
교적 최근(파리에서는 19세기 중반에야 보들레르가
최초로 인지했고, 독일에서는 확실히 그 이후)에야
나타나기 시작했다는 것이다. 시인의 의식에 그의
의욕과 관련된 요소라고는 아무것도 제시하지 않
으면서, 요컨대 가장 원시적인 자연만큼이나 낯선
존재로 그에게 남아 있으면서, 때로는 웅장하고 때
로는 절망적인 미를 지닌 이 거대한 익명의 영역을
구축할 수 있을 정도로 도시가 충분히 확장된 것은
비교적 최근의 일이다. 비록 도시의 풍경을 관조할
때 느끼는 평정은 그보다 더 강력한 고통 속에서
엄청난 힘을 들여야 쟁취할 수 있는 것이라고 해도

---

3 《의지와 표상으로서의 세계》3권 51장

말이다.

비극에서 단 하나 필수적인 요소가 있다면 심각한 불행을 묘사하는 것이다. 시인은 서로 다른 수많은 길을 통해 이러한 묘사를 만들어내는데, 이는 세 가지 유형으로 요약할 수 있다. 먼저, 불행을 당하는 당사자인 등장인물이 인간으로서 가능한 범위를 가까스로 넘지 않는 선에서 이례적으로 악독한 경우를 들 수 있다. 예를 들어 리처드 3세, 《오셀로Othello》의 이아고, 《베니스의 상인The Merchant of Venice》의 샤일록, 프란츠 무어,[4] 에우리피데스Euripides의 파이드라, 《안티고네Antigone》의 크레온을 비롯한 여러 작품이 그런 유형이다. 다음으로, 절대적 운명에 의해, 즉 우연과 착오에 의해 불행이 발생할 수 있다. 이 경우는 소포클레스Sophocles의 《오

---

4 [옮긴이] Franz Moor. 18세기 후반 독일의 시인이자 극작가인 프리드리히 폰 실러Friedrich von Schiller(1759~1805)의 희곡 《도적 떼Die Räuber》(1781)에 등장하는 두 형제 중 동생이다.

이디푸스 왕Oedipus Rex》과 《트라키스의 여인들Tra-chiniae》이 진정한 본보기이며, 일반적으로 대부분의 고대 비극이 여기에 속한다. 근대 비극의 사례로는 《로미오와 줄리엣 Romeo and Juliet》, 볼테르Voltaire의 《탕크레드Tancrède》, 그리고 《메시나 신부》**5**를 들 수 있다. 마지막으로, 불행은 등장인물들 상호 간의 단순한 입장을 통해, 즉 상황을 통해 생길 수 있다. 이 경우 어떤 끔찍한 과오나 비범한 운명, 인간이 가장 악할 수 있는 한계에 도달한 성격도 필요하지 않다. 그보다는 오히려 도덕적인 관점에서 우리에게 친숙한 등장인물들이 평범한 조건 속에서 대치하면서 서로에게 가장 잔혹한 불행을 각오하게 할 수밖에 없는 상황을 완전하게 인식하고 의식하는 경우이다. 이때 둘 중 어느 한쪽에 전적으로 잘못을 전가할 수는 없다. 바로 이 마지막 방법이야말로 앞서 설명한 나머지 두 방법보다 더 적절해 보인다. 가장 심각한 불행을 일종의 예외로, 혹

---

5 [옮긴이] *Die Braut von Messina*. 1803년에 발표된 프리드리히 폰 실러의 비극이다.

은 이례적인 사정이나 기괴한 성격이 초래한 결과로 그리기보다는, 인간의 행동과 품성으로 인해 저절로 쉽게 거의 필연적으로 발생할 수밖에 없는 무언가로 보여주기 때문이다. 그렇게 우리는 불행을 지독히도 가까운 존재로 만들어버린다.[6]

이후 쇼펜하우어는 본인에게는 가장 아름다워 보이는 이러한 방법이 가장 어려운 방법이기도 하다고 언급하며, 설득력 있는 예시를 인용하기가 어렵다고 호소한다. 그러나 신기하게도 상황은 거의 나아지지 않았다. 비록 우리의 운명을 "마치 주사위 놀이라도 하듯이" 가지고 노는 신들을 더는 믿지 않을지라도, 운명의 신은 아직도 믿지 않는가. 쇼펜하우어가 살았던 시대 이후로 엄청나게 발전한 환상문학에서조차도 운명의 신은 꼭 등장하기 마련이다. "인간 본질의 한계를 가까스로 넘지 않는 선에서 이례적으로 악독한" 등장인물의 경우에는 근대에 들어 수없이 많은 화신을 낳았다. 일상

---

6 《의지와 표상으로서의 세계》 3권 51장.

적인 조건으로 만들어져 더욱더 피할 수 없게 된 평범성의 비극은 앞으로 써나가야 할 것이다.

5장

삶의 태도: 우리 존재에 대하여

철학에 주어진 고상한 의무는 세계에 대한 총체적인 표상을 제공하는 데 있으며, 그것은 과학과 양립 가능하고 직관을 통해 이해할 수 있으며 근거를 충족시켜야 한다. 하지만 오래전부터 철학이 담당해온 또 다른 기능은 삶의 태도에 적용할 수 있는 조언을 베풀고 실질적인 차원의 '지혜'를 깨우치도록 돕는 것이다. 쇼펜하우어에 따르면, 권태란 첫 번째 기능이 두 번째 기능을 불가능하게 만들 때 발생한다. 실제로 그의 철학은 세계는 불운한 것이므로 존재하지 않는 편이 낫다는 단순한 결론으로 이어진다. 세계의 안을 들여다보면, 살아 있는 것의 세상은 심각한 고통의 영역을 이루며, 인간의 삶은 그것이 가장 완성된 형태로서 가장 다채로운 고통을 지닌다. 이러한 철학은 엄청난 위안을 가져다주며, 실제로 인간의 불행을 만들어내는 비옥한 원천인 시기심의 뿌리를 잘라내는 데 도움을 준다. 아무리 탐스러워 보일지라도 모든 쾌락은 사실 심각한 근심 속에서 얻어지는 것으로서 상대적인 성질을 지니며, 여기에는 빠른 종말이 예정되어 있다. 또한 이러한 철학은 무엇보다도 비非-존재를 고통의 소멸로 간주함으로써 죽음을 수월하게 받아들일 수 있도록 해준다. 그러나 이 철학은 실질적 결과의 측면에서는 극도로 빈약하다. 만약 삶이 정말로 고통이라면, 문제를 해결해줄 노화와 죽음을 방 한구석에서 조용히 기다리는 게 우리가 할 수 있는 최선인 듯 보인다. 쇼펜하우어는《인생론》의 집필 작업에 착수하던 바로 그때, 이 모든 것에 대하여 훤히 꿰고 있었다.

여기서 나는 인생의 지혜라는 개념을 오로지 내재적 의미에서 고찰하고자 한다. 즉 내가 생각하는 인생의 지혜란 삶을 가능한 한 즐겁고 행복하게 꾸려나가는 기술이다. 이러한 목적을 지니는 지침을 행복론이라고 부를 수 있으며, 이는 곧 행복한 삶을 위한 방법론일 것이다. 행복한 삶이란 객관적인 고찰을 통해, 아니면 (이는 주관적인 판단의 문제이므로) 그저 성숙하고 냉철한 심사숙고의 과정을 통해, 존재하지 않는 것보다는 존재하는 것이 확실히 나은 삶이라고 정의할 수 있을 것이다. 이러한 개념에 따르면, 우리가 행복한 삶에 집착하는 것은 단순히 죽음의 공포 때문만이 아니라 그러한 삶 자체를 위한 것이며, 더 나아가 우리는 행복한 삶이 영원히 계속되기를 바란다. 한편 인간의 삶이 이러한 존재의 개념에 부합하는가, 아니면 그럴 가능성이 있기는 한가라는 질문에 대하여, 내 철학은 이미 알려진 바와 같이 아니라고 대답하지만, 행복론에서는 긍정적인 답변을 전제한다. 구체적으로 말하자면, 실제로 행복론은 본유적 오류에 기초하며, 나는 이를 《의지와 표상으로서의 세계》 2권 49장에서 규탄한 바 있다. 그럼에도 이러한 주제를 다루기 위해, 나로서는 내 본래의 철학이 도달하고자 하는 고상한 형이상학적·도덕적 관점에서 완전히 멀리 떨어져 나와야 했다. 그 결과로 이루어질 모든 논의는 일반적이고 경험적인 견해에 그치며 오류를 내포한다는 점에서, 어떻게 보면 타협에 근거를 둔다. 행복론이라는 단어 자체도 일종의 완곡한 표현이므로, 그러한 논의의 가치조차도 제한적일 수밖에 없다.[1]

---

1 아르투어 쇼펜하우어, 《인생론》 서문.

그렇다면 왜 그런 시도를 감행한 것일까? 말하기 복잡하지만, 만일 쇼펜하우어가 쓴 저서 중에서 확실히 가장 명석하고 가장 이해하기 쉬우며 가장 익살스러운 이 책이 부재한다면 아쉬울 것이다. 실제로 쇼펜하우어는 본인 스스로 일관적이어야 할 필요성에 관하여 책의 첫 페이지부터 용서를 구하며, 흔히 인간이라는 존재로부터 기대할 수 있는 것에 대한 일련의 심오하고도 감상적인 발상을 놀라우리만큼 자유로운 어조로 전한다. 그가 욕망으로부터 완전히 자유로워져서 결과적으로 죽음만을 기다리면서 평온한 삶을 누리는 편이 최선일 것이라고 여전히 확신했다 하더라도, 그게 쉬운 일은 아니라는 것을 알았을 것이며, 거침없는 단절보다는 일련의 사려 깊은 약화를 제안할 것이다. 메시지는 불교에서 근본적으로 전하는 것과 늘 똑같다. 말하자면 그것은 우리의 문화, 성급하고 탐욕스러운 기질, 단념에 취약한 경향에 맞춰진 온건하고 인간화된 불교인 것이다. 바로 이러한 점에서 이 책은 읽기 쉬우며 독자를 미소 짓게 한다. 모든 내용이 명료하고 탁월하게 연결되어 있어서 특정 부분을 발췌하기가 아주 까다롭기도 하다. 한동안 형이상학의 가파른 정점을 내버려둔 글쓴이가 인간의 삶이라는 기초적이고도 그렇게 심각하지는 않은 주제를 다루며 즐기고 있음을 느낄 수 있다. 또한 이 책은 그 진실성에 흠이 없는 만큼, 대체로 조금의 해설도 추가하고 싶은 마음이 들지 않는다. 물리학이 변화했고, 그 결과 형이상학도 변화했다. 그러나 인간의 삶은 늘 거의 똑같은 규칙을 적용받고 있다. 여기서 우리는 쇼펜하우어가 본인의 서문을 마무리하며 적은 몇 줄을 통해 슬픈 사실을 확인할 수 있다.

사실 대체로 현명한 사람들은 시대를 막론하고 늘 같은 이야기를 하며, 예나 지금이나 엄청난 다수에 해당하는 몰상식한 사람들은 매번 같은 짓을, 말하자면 현명한 사람들과 반대되는 말을 한다. 이에 볼테르는 이렇게 말한다. "우리는 태어나면서 알게 된 것만큼이나 어리석고 악한 상태로 이 세상을 두고 떠날 것이다."[2]

---

2 《인생론》 서문.

인간을 위해 존재하고 만들어지는 모든 것은 오로지 그의 의식 속에서만, 그의 의식을 위해서만 직접 존재하고 만들어지므로, 그 무엇보다도 중요한 것은 분명 그러한 의식의 본질일 것이다. 그리고 모든 것은 대체로 의식 속에서 나타나는 여러 양상보다도 의식 그 자체에 더 의존할 것이다. 어리석은 자의 우둔한 의식 속에서 보이는 모든 번영과 쾌락은 세르반테스[3]가 불편한 감옥에서 지내면서 《돈키호테》를 썼던 당시의 의식과는 비교할 수 없을 만큼 초라하기 마련이다.

현실과 실재의 절반을 이루는 객관적 측면은 운명의 손에 쥐어 있어서 변할 수 있지만, 나머지 절반인 주관적 측면은 우리 자신이기 때문에 근본적으로는 변하지 않는다. 따라서 인간 각자의 삶은 외부에서 아무리 변화가 일어난다고 해도 보통은 변하지 않는 특성을 띠고 있으며, 따라서 어떤 하나

---

3 [옮긴이] Miguel de Cervantes(1547~1616). 스페인의 소설가이자 극작가이다. 대표작으로 최초의 근대 소설로 평가받는 《돈키호테Don Quixote》(1605, 1615)가 있다.

의 동일한 주선율에 대한 일련의 변주곡 모음과 비교될 수 있다. 그 누구도 자기 자신의 개성에서 벗어날 수 없다. 그 어떤 조건에 놓여 있다 하더라도, 자신의 본질에 대해 자연에서 최종적으로 규정해놓은 좁은 범위 안에서만 머무르는 것은 동물이나 인간이나 마찬가지다. 그 결과, 예를 들자면 우리가 사랑하는 동물을 행복하게 해주려는 노력 또한 결국에는 그 동물의 본질과 의식이라는 한계로 인해 반드시 아주 제한된 범위 안에서 이루어져야 한다. 인간이 느낄 수 있는 행복은 그 자신의 개성에 의해 이미 고정되어 있다. 특히 인간의 지적 능력의 한계는 고상한 쾌락을 누리는 능력을 영원히 결정짓는다. 지적 능력의 한계가 좁은 사람의 경우에는 외부에서 온갖 노력을 기울여도, 다른 사람들이 그를 위해 발 벗고 나서거나 운이 따라준다고 해도, 그를 절반은 동물인 평범한 인간이 느낄 수 있는 행복의 총량 이상으로 데리고 가기에는 역부족일 것이다. 그런 인간은 관능적 쾌락과 친밀하고 단란한 가정생활, 고상하지 못한 사교 모임, 천박한 오락으로 만족할 것이다. 이런 경우에는 교양

조차도 지적 능력의 범위를 확장하는 데 그다지 큰 도움이, 아니 아무런 도움도 되지 않는다. 비록 젊은 시절에는 쾌락에 관한 수없이 많은 착오가 있었 겠지만, 사실 가장 고상하고 가장 풍요로우며 가장 오랫동안 이어지는 쾌락은 바로 정신적인 쾌락이 다. 이러한 쾌락은 특히 타고난 지적 능력에 좌우 된다. 따라서 우리가 어떤 존재인지에 따라, 우리 가 가진 개성에 따라, 행복이 얼마나 많은 영향을 받는지는 쉽게 이해할 수 있다. 그러나 사람들은 대부분 운명만을, 즉 우리가 소유하고 있는 것이 나 우리가 보여주는 것만을 고려한다. 운명은 개선 될 수 있다. 내면이 풍요로운 사람은 운명에 대해 크게 기대하지 않을 것이다. 설령 천국에서 천상의 미녀들에게 둘러싸여 있다고 해도, 어리석은 사람 은 끝까지 어리석을 것이고 바보는 끝까지 바보로 남을 것이다.[4]

이 마지막 도발적인 문장과 용어 "쾌락Genüsse" 을 일반화하여 쓰고 있는 것은 당혹스러울 수 있 다. 멍청한 사람이라면 교향곡이나 이성의 섬세한 사유의 매력을 그다지 잘 음미할 수 없으리란 건 어렵지 않게 확신할 수 있다. 다만 구강성교조차도 즐기지 못한다는 건 더욱더 놀랄 만한 일이다. 그건 경험으로 알 수 있지 않은가. 쾌락의 풍요로움, 심지어 성적 쾌락의 풍요로움도 지성에 달려 있으며, 지성 그 자체의 힘에 완전히 비례한다. 안타깝게도, 고통 또한 마찬가지다.

(친밀하고 단란한 가정생활이나 고상하지 못한 사교 모임과 같이) 평범한 인간이 누리는 단순한 즐거움에 대한 언급을 마주하고 있자면, 슬프지 않을 수 없다. 그러한 즐거움이 오늘날의 사회에서는 일종의 사라진 천국처럼 보이기 때문이다. 관능적 쾌락의 경우에는 점점 더 버티기 힘들어하고 있다. 한편 모든 종류의 행복이 쇠퇴한다고 해도, 이는 물론 "고상한 정신적 쾌락"을 위해서가 아니라, 쇼펜하우어에게는 일종의 미끼인 돈과 명성(우리가 소유하고 있는 것과 우리가 보여주는 것)을 정복하기 위해서이다. 이 두 가지 측면에 대해서는

---

4 《인생론》1장.

다시 이야기할 기회가 있을 것이다. 그러나 이 같은 사실을 확인하는 것만으로도 현대 사회를 규탄하기에는 충분하다.

행복과 쾌락을 위해서는 주관적인 것이 객관적인 것보다 비교할 수 없을 만큼 훨씬 중요하다는 사실은 모든 측면에서 확인할 수 있다. 시장이 반찬이라는 말, 젊은 청년이라면 우상으로 떠받들 기품 있는 여인이라고 해도 노인은 아무런 관심도 보이지 않는다는 사실, 천재와 성인聖人의 삶 속에서 말이다. 특히 건강은 모든 외적 재산보다 훨씬 더 중요하기 때문에, 실제로 건강한 거지가 병든 왕보다는 더 행복한 법이다. 온전한 건강과 훌륭한 체질에서 비롯하는 차분하고 평온한 기질, 명석하고 생기 넘치며 날카로운 통찰력과 정확한 판단력을 지닌 지성, 순수한 양심으로 이어지는 온화하고 상냥한 의지는 그 어떤 부귀나 지위로도 대신할 수 없다. 한 인간이 자기 자신으로 존재하는 것, 고독 속에서도 그를 따라다니며 그 누구에게서도 받거나 뺏길 수 없는 것이야말로, 그에게는 본인이 소유할 수 있는 것이나 타인의 눈에 비칠 수 있는 모습보다 분명히 훨씬 중요하다. 정신이 풍요로운 인간이라면 가장 깊은 고독 속에서도 자신의 사고와 상상력으로 완전한 기분 전환을 할 수 있겠지만, 사교 모임과 연극 공연, 산책, 축제를 통해 계속해서 일어나는 변화는 어리석은 자를 괴롭힐 권태를 물리쳐주지 못할 것이다. 선량하고 절제하며 온화한 성격의 인간은 궁핍 속에서도 만족할 줄 아는 반면, 탐욕과 질투심이 많고 악독한 성격을 가진 사람은 아무리 부유하다고 해도 만족하는 법을 모른다.[5]

체스터턴[6]이 《이단자들 Heretics》에서 선보인 가장 극단적이고도 원색적인 용기는 탑 위에 올라가 그 아래 모인 군중을 향해 2와 2를 더하면 4가 된다고 단언한 것이다. 체스터턴 본인도 이런 용기를 늘 내진 못했고, 대개는 본래 타고난 것처럼 기발하고

---

5 《인생론》 1장.

6 [옮긴이] Gilbert Keith Chesterton(1874~1936). 영국의 작가이자 철학자, 평신도 신학자, 비평가이다.

혁신적이며 명석한 발상을 발전시키는 방법을 선호했다. (그 당시 시대의 고정관념에 얽매이지 않고, 그것을 공고히 한다거나 맞서 싸우겠다는 생각 없이) 영원히 남을 글을 쓰면서, 오직 본인의 책만이 살아남아 인간의 모든 지혜를 담아내야 한다는 듯이 작업했던 쇼펜하우어는, 본인이 타당하다고 믿었던 상투적이고 명백한 사실을 발언하는 데 필요한 에너지를 찾아냈다. 그는 매번 독창성 위에 진실성을 배치했다. 그 정도 수준의 사람에게도 결코 쉬운 일은 아니었다.

하지만 무엇보다도 우리를 가장 즉각적으로 행복하게 해주는 것은 영혼의 즐거움이다. 이 훌륭한 자질은 그 자체 안에서 곧바로 보상을 찾아내기 때문이다. 실제로 즐거운 사람은 자신이 즐겁다는 사실 그 자체만으로도 언제나 즐거울 이유가 있다. 이 자질만큼 모든 자산을 대체할 수 있는 것은 없으며, 이 자질 또한 그 무엇으로도 대체될 수 없다. 가령 젊고 훤칠하고 부유한 데다가 존경받는 사람이 있다고 해보자. 이때 그의 행복을 평가하고자 한다면, 그가 즐거운지를 생각해봐야 한다. 역으로 그가 즐겁다면, 젊든 늙든, 몸이 곧든 굽었든, 가난하든 부유하든 간에 상관없이 그는 행복한 사람이다. 어린 시절 언젠가 낡은 책 한 권을 펼쳐 읽어본 적이 있다. "자주 웃는 사람은 행복하고, 자주 우는 사람은 불행하다." 아주 천진난만한 말이지만, 어찌나 간결한 진실이지 아직도 잊어버리지 않았다. 설령 너무나도 당연한 이치를 최상급으로 표현한 것에 지나지 않을지라도 말이다. 그러므로 우리는 매번 즐거움이 찾아올 때마다 문과 창문을 활짝 열어 맞이해야 한다.[7]

어두컴컴하면서도 통찰력 있는 쇼펜하우어식 철학에 순진한 즐거움이 들어갈 자리는 거의 없다. 그러나 놀랍게도 그는 예상치 못한 행복을 느끼는 사소한 순간들의 존재를, 이 조그만 기적들을 발견하기에 이른다.

---

7 [옮긴이] 《인생론》 2장.

화려한 것은 대부분 연극의 무대 장식처럼 그저 환상일 뿐이며, 사물의 본질은 부재한다. 예를 들어 작은 깃발과 화환으로 장식한 선박, 대포, 북과 트럼펫 소리, 환호성, 희열의 아우성 등은 모두 기쁨의 간판이자 증거, 상형문자다. 그러나 그런 자리에서 대부분 기쁨은 보이지 않는다. 축제에 참석하기를 거절하는 것은 오직 기쁨뿐이다. 기쁨은 대부분 초대받지 않은 자리에 예고도 없이 대뜸 스스로 모습을 드러낸다. 대체로 가장 일상적인 상황에서 가장 사소하고 가장 부질없는 이유로, 심지어 전혀 화려하지도 명예롭지도 않은 기회에 은밀히 찾아든다.[8]

행복의 두 가지 적이 고통과 권태라는 사실은 단번에 알 수 있다. 한편 이 둘 중 하나와 멀어지는 데 성공하면 또 다른 하나에 가까워지며, 그 반대 역시 마찬가지라는 것도 알 수 있다. 실제로 우리의 삶은 이 둘 사이에서 강하거나 약하게 진동하는 모

---

8 《인생론》5장 1절.

습을 띤다. 이는 이 두 가지가 서로에 대하여 이중의 대립 관계에, 즉 첫째로 외적 또는 객관적 대립 관계와 둘째로 내적 또는 주관적 대립 관계에 놓여 있기 때문이다. 사실 외적 관점에서 볼 때 필요와 박탈은 고뇌를 낳으며, 반대로 안전과 과잉은 권태를 낳는다. 이에 따르면 서민계급은 필요, 즉 고통에 맞서 계속되는 투쟁 속에 빠져 살고, 반대로 부유하고 고상한 계급은 권태에 맞서 대개는 절망적인 싸움을 끊임없이 이어나간다.[9] 내적 또는 주관적 대립 관계는 각 개인의 권태 민감도가 지적 능력의 역량에 따라 결정되는 고뇌 민감도에 반비례한다는 점에 근거를 둔다. 실제로 우둔한 정신에는 자극성의 부재와 무기력한 감수성이 늘 따라오며, 이는 개인을 온갖 종류와 모든 정도의 고통과 슬픔에 덜 민감하도록 만들어버린다. 그러나 이러한 정신의 우둔함은 수많은 사람의 얼굴에 드리워질 내

---

9 문명의 최저 수준을 보여주는 유목민의 삶은 대체로 관광객의 삶이 된 문명의 최고 수준과 만나게 된다. 전자의 삶은 필요에 의해, 후자의 삶은 권태에 의해 생겨난다.

면의 공허를 만들어내는데, 이는 외부 세계에서 일어나는 모든 사건에 대해, 심지어 가장 사소한 일에 대해서도 언제나 경계를 갖춤으로써 드러나게 된다. 이 내면의 공허는 권태의 진정한 근원으로서, 마음과 정신을 동하게 할 수 있는 것이라면 외부의 자극으로부터 그 무엇이 됐든 간에 애타게 기다린다.[10]

행복과 쾌락의 외부적 원천은 본래부터 심하게 불확실하고 불명확하며 일시적인 데다가 우연에 순종하기 때문에, 상황이 허락한다 해도 스스로 고갈되어버린다. 더군다나 언제나 손이 닿는 거리에 있지도 않으므로, 이는 피할 수 없는 결과이다. 나이를 먹으면 필연적으로 거의 모든 원천이 사라져버린다. 그도 그럴 것이 사랑과 농담, 여행하고 말을 타는 즐거움, 하다못해 세상에 모습을 드러내는 자질까지도 단념하게 되며, 결국엔 죽음이 친구와 친척들도 앗아가 버리기 때문이다. 그렇게 되면 그

---

10 《인생론》2장.

어느 때보다도 각자가 근본적으로 가지고 있는 것이 무엇인지를 아는가에 대한 질문을 던져보게 된다. 가장 오랫동안 살아남는 것은 바로 그런 것이기 때문이다. 한편 나이를 막론하고, 이는 행복의 참된 원천이자 유일하게 영속적인 원천이며 그렇게 남을 것이다. 이 세상에서 얻을 수 있는 것은 많지 않다. 결핍과 고뇌가 세상을 가득 채우고 있으며, 여기서 벗어난 사람들은 사방에서 권태가 노리고 있다. 그런 데다가 보통은 평범함이 세상을 지배하며, 어리석음은 목소리가 크다. 운명은 잔인하고 인간은 가엾다. 이러한 세상에서 근본적으로 가지고 있는 것이 많은 사람은 눈과 얼음으로 뒤덮인 12월의 어느 날 밤 밝고 환하게 빛나는 따뜻한 방 안에서 즐기는 크리스마스처럼 반짝일 것이다. 결과적으로 훌륭하고 풍요로운 개성, 특히 고상한 정신을 가졌다는 것은 틀림없이 이 땅 위에서 가장 행복한 운명이다. 비록 가장 빛나는 운명과는 아주 다를지라도 말이다.[11]

---

11 《인생론》 2장.

다른 한편으로 이 모든 것에 정반대되게, 위대한 재능을 타고난 사람이 그 영향으로 신경 활동도 우월하여 온갖 형태의 고뇌에 대한 감수성이 극도로 발달해 있는 경우를 생각해볼 수 있다. 이러한 재능의 조건인 정열적인 기질, 그리고 반드시 따라오는 자질인 모든 지각 대상에 대한 생동감과 고양된 지각 작용은 비교할 수 없을 만큼 더 강력한 폭력성을 감정에 전달한다. 이땐 기분 좋은 감정보다는 고통스러운 감정이 더 많다. 그리고 마침내 위대한 천부적 재능은 그것을 소유한 자를 타인과 그들의 활동에 소원하도록 만든다. 근본적으로 소유한 것이 많을수록 타인에게서 얻을 수 있는 것은 적기 마련이고, 사람들에게 엄청난 만족감을 선사하는 백 가지 일이라도 그에게는 따분하고 역겹게 보일 것이기 때문이다. 어쩌면 어디에서나 기세를 떨치는 상쇄 법칙이 여기에도 효력을 발휘하고 있는지도 모른다. 정신이 가장 둔한 사람이 사실은 가장 행복한 사람이라는 주장도 타당한 근거와 함께 종종 제기되지 않았는가. 그런 행복을 부러워할 사람

은 아무도 없을 테지만 말이다.[12]

정말 그럴까?

---

12 《인생론》 2장.

6장

삶의 태도: 우리가 가진 것에 대하여

고상한 지적 능력이 인간의 행복에 유리한지 아닌지를 묻는 질문은 꽤 이론적으로 보일 수도 있다. 왜냐하면 우리는 (그 능력을 키우기 위해서나, 심지어 제한하기 위해서) 아무것도 바꿀 수가 없기 때문이다(우둔해지는 데는 아주 명확한 수단이 존재하지 않는다). 부富의 경우에는 상황이 다르다. 재산은 늘릴 수 있으며, 적어도 모든 방법을 시도해볼 수는 있다. 또 아주 쉽게 줄일 수도 있다. 이에 대하여 쇼펜하우어가 제시하는 아주 명료한 조언을 즐겁게 살펴보자.

여기서 상속을 받았거나 직접 번 재산을 유지할 책임에 대해 당부한다고 해서 내 펜이 더러워질 거라고는 조금도 생각하지 않는다. 설령 가족 없이 혼자인 사람일지라도 진정으로 독립된 생활을 편하게 할 수 있을 만큼, 즉 일하지 않아도 될 만큼 충분히 소유하고 있다는 것은 소중한 특권이기 때문이다. 이야말로 인간의 삶에 결부된 궁핍과 고난에 대한 면제이자 면역이며, 또한 대지의 아이들이라면 누구나 타고난 운명인 보편적인 고역으로부터 해방되는 길인 것이다. 바로 이러한 운명의 은총을 받아야만 태어날 때부터 진정한 자유인이 될 수 있고, 수이 유리스_sui juris,[1] 즉 자기 자신의 시간과 힘의 주인이 되어 매일 아침 "오늘은 나의 것이다"라고 말할 수 있다. 따라서 연금으로 1천 리브르를 받는 사람과 10만 리브르를 받는 사람의 차이는, 1천 리브르를 받는 사람과 한 푼도 못 받는 사람의 차이에 비하면 한없이 미미하다. 그러나 세습된 재산은 탁월한 지적 능력을 지니고 있어서 밥벌이와는 거리가 먼 시도를 계속하는 자의 손에 들어가야만 최고의 가치를 발휘하는 법이다. 그는 운명의 혜택을 이중으로 받은 자로서, 타고난 재능으로 만사를 살아갈 수 있다. 그는 그 누구도 해내지 못할 일을 해냄으로써, 인류에 공동의 이익이자 모두의 명예가 될 수 있는 기여를 함으로써, 본인이 진 빚을 백 배로 갚을 것이다. 이렇게 유리한 상황에 놓인 또 다른 이는 자선사업을 통해 인류에 공헌할 수도

---

1 [옮긴이] sui juris. 라틴어로 '자기 자신의 권리를 가진'이라는 의미이다.

있다. 그러나 이런 종류의 일은 전혀 하지 않고, 학업에 진지하게 임하여 학문을 발전시킨다거나 그럴 가능성이 아주 낮을지라도 기회를 얻으려는 시도를 시험 삼아서나마 단 한 번도 하지 않는 사람은 경멸해야 마땅한 한낱 게으름뱅이에 지나지 않는다.[2]

---

2 아르투어 쇼펜하우어, 《인생론》 3장.

쇼펜하우어를 마주하는 우엘벡을 마주하며

이은지(문학평론가)

자본의 생체리듬에 맞춰 온갖 프로젝트에 참여하고 생산적으로 활동하는 자기계발적 주체로서의 예술가 모델이 시장질서에 성공적으로 안착한 오늘날, 미셸 우엘벡만큼 퇴폐적인 예술가상을 착실하게 표상하는 작가도 드물 것이다. 프랑스에서 가장 잘 팔리는 작가 중 한 명임에도 불구하고 작품이 발표될 때마다 평단 및 대중과 갈등을 빚는가 하면, 언론과의 불화는 말할 것도 없고, 두문불출하며 은둔하는 모습은 사회의 통념과 질서를 거스르는 데카당스의 삶 그 자체라고 해도 좋을 것이다. 2010년에는 프랑스 최고 문학상인 공쿠르상을 수상하였지만 이에 불만을 표하는 평론가들이 적지 않았고, 2019년에는 프랑스 최고 훈장인 레지옹 도뇌르 명예 훈장을 받기는 하였으나 마크롱 대통령은 우엘벡이 자신의 정치노선과 대척점에 서 있음을 부러 언급하였다.

성의 시장경제화에 대한 노골적인 묘사, 인종차별적이고 이슬람혐오적인 발언, 몰락하는 서구사회에 대한 가차 없는 냉소로 그의 소설들이 점철된 것을 생각하면 쇼펜하우어의 철학을 반추하는 《쇼펜하우어를 마주하며》는 차라리 순한 맛에 가깝다. 러브크래프트의 삶과 작품세계에 대한 헌사에 가까운 에세이 《러브크래프트: 세상에 맞서, 삶에 맞서》와 마찬가지로 이 책은 우엘벡 자신의 작품세계에 큰 영향을 미친 사람 중 하나인 쇼펜하우어에 대한 헌사라고 할 수 있다. 책의 첫 장에서 우엘벡은 20대 중반의 나이에 쇼펜하우어의 《인생론》과 《의지와 표상으로서의 세계》를 읽고 압도당한 경험을 회상한다. 그러나 그는 쇼펜하우어의 두 주저를 비판적으로 따라 읽으면서 결과적으로는 쇼펜하우어와 결별하는 것처럼 보인다.

우엘벡이 쇼펜하우어에 강렬하게 이끌린 경험, 나아가 쇼펜하우어와 우엘벡의 사유가 갖는 친연성은 어찌 보면 지극히 자연스럽게 여겨진다. 칸트의 유일하게 적법한 계승자임을 자임하며 다른 학자들과 반목했고, 당대의 학자들이 강단 철학자로 활동했던 것과 달리 대학 밖에서 독자적으로 연구와 집필에 매진했던 쇼펜하우어의 삶은 우엘벡의 삶과 어딘지 닮아 있다. 어머니의 홀대 속에 유년 시절을 보낸 것도, 세계에 대한 냉소와 회의를 서슴지 않는 것까지도. 아마 유일하게 다른 점이라면 우엘벡과 달리 쇼펜하우어의 명성은 너무 늦게 찾아왔다는 것일지도 모른다.

의지의 초월로서의 미적 관조

그렇기에 쇼펜하우어의 철학 세계를 간략하게 훑고 있는 이 책은 쇼펜하우어에 대한 책이라기보다는 쇼펜하우어에 투사된 우엘벡 자신에 대한, 혹은 우엘벡의 문학에 투영된 쇼펜하우어에 대한 책이라고 해야 보다 정확할 것이다. 쇼펜하우어는 "철학의 시초부터 존재해 온 (…) 질문의 총체에 답하려는 포부를 가진 하나의 완전한 철학 체계"(34쪽)를 구축하는 동시에, 철학이 말할 수 없거나 말하지 않으려 했던 것, 즉 "사랑, 죽음, 연민, 비극과 고통"(41~42쪽)에 대해 이야기한 당대의 거의 유일한 철학자였다. 인간을 관통하는 쾌락과 고통을 포함한 모든 것을 총체적으로 이야기하려는 철학이라니, 이는 사실상 문학과 다름없지 않은가?

쇼펜하우어에게 인간을 비롯한 자연 전체는 삶의 의지에 끌려다니는 것이고, 삶은 곧 고통이다. 그리고 의지의 실현은 개별 존재들 간의 무한한 투쟁으로 나타난다. "세계에 존재하는 각각의 사물의 존재와 모든 현상의 유일한 핵심"(66쪽)인 의지를 이성에 기대어 체계화하고 설명하거나, 사회의 도덕적 구습과 통념에 기대어 망각하는 것은 기만적인 시도일 뿐이다. 그러나 의지가 세계와 존재 전체에 일관되게 적용되는 본질이라면, 다시 말해 세계와 존재에 삶의 의지를 제외한 그 어떤 위계나 합리적인 체계도 무의미하다면, 인간은 자신에게 주어진 인식 능력, 즉 인간이라는 종에게 부여된 의지를 주체적으로 다룸으로써 이 의지를 얼마든지 초월할 수 있다. 의지에 자신을 완전히 내맡김으로써 의지를 극복하는 것이다.

의지의 초월, 다시 말해 의지에 끌려다니며 생성되는 쾌락과 고통을 초월하는 것은 외부의 대상과 세계를 인식하는 우리의 감각체계를 순전히 객관적으로 사용함으로써 가능해진다. 당신의 오장육부와 이목구비가 삶의 의지를 충족시키려고 아우성치며 만들어내는 고통으로부터 한 걸음 물러나, 그것들이 대상을 순수하게 객체로 지각하게 함으로써 그 기관들 또한 (마치 기계와 같은) 객체로 만드는 것이다. 눈앞에 놓인 사과를 보며 침이 고이고 위가 꿈틀대는 욕망 대신에 사과의 매끈한 곡률과 은은하게 반짝이는 붉은 껍질의 채도에 집중할 때 나의 의식을 가득 채우는 순수한 객관으로서의 사과, 즉 나의 주관과 무관하게 나의 의식 속에 관념 자체로 존재하는 사과와 조우하는 것이다.

이는 칸트가 미적 판단을 위해 제안했던 사심 없

는 판단, 즉 '무관심성'의 쇼펜하우어식 판본이라고 할 수 있다. 삶의 의지가 추동하는 주관을 초월하여, 의지에 끌려다니며 만들어진 세계와의 관계를 끊어내고 의식과 대상을 모두 객관화하여 순수한 관념으로서의 표상을 얻어내는 행위를 쇼펜하우어는 미적 관조로 보았다. "모든 사리사욕 없는 관조"(58쪽)를 통해 얻어낸, 모든 의지를 초월한 표상. 이를 가장 잘 보여주는 것으로 우엘벡의 소설만 한 것도 없을 것이다. 우엘벡의 소설에서 세계는 마치 식물학자가 자연을 관찰하여 보고하듯이 무미건조하게 서술되며, 그의 인물들은 어떤 사회적 통념도 도덕 체계도 통하지 않는 무법자나 은둔자와 같이 행동한다.

관조와 냉소

쇼펜하우어의 관조와 우엘벡의 냉소는 겨우 한 끗 차이인 셈이다. 이 차이는 두 사람이 속한 시대의 차이로 볼 수 있을 것이다. 쇼펜하우어가 살았던 19세기 서구사회는 인간 이성에 대한 무한한 믿음을 바탕으로 정치·경제적으로뿐만 아니라 철학적으로도 인간을 세계의 주체로 정립한 시기였다. 심지어 헤겔은 당시 비스마르크 제국을 인류역사의 완성으로 보지 않았던가. 쇼펜하우어에게서 헤겔과 같은 선형적 진보사관을 찾아볼 수는 없으나 인류에 대한 당대의 낙관적 시선을 공유하고 있는 것만은 분명해 보인다. 그가 대상을 순수하게 객관적으로 판단하는 미적 관조로서의 예술로부터 삶의 의지를 초월할 가능성을 보았던 것은 결국 예술을 추구할 수 있는 고등한 존재로서의 인간을 긍정했기 때문이다. 식물이나 동물은 미적 관조의 대상이 될 수는 있으나 미적 관조를 행하는 주체가 될 수는 없다.

반면 우엘벡과 우리가 살고 있는 세기는 더는 인간중심적이지도 않을뿐더러 인간 이성에 대한 낙관이 뿌려놓은 파멸의 씨앗을 거두고 있는 중이다. 자본의 탐욕과 결탁한 삶의 의지하에 세계 전체는 인류의 욕구를 다양한 방법으로 착취하는 공장이 되어버렸다. 예술도 예외가 아니다. 그러한 의욕을 초월하여 미적 관조에 도달하는 진정한 예술가는 세간의 눈에 그저 "루저의 모습"을 한 "보잘것없고 개성 없는 자들"(48쪽)로 보일 뿐이다.

심지어 예술이 삶의 의지를 초월하는 것은 지극히 한시적이다. "시인은 주변 자연에 눈길을 돌리며, 바로 그 시선을 통해 자기 자신을 인식의 순수한 주체로 자각하고 의욕에서 독립"할 수 있지만, "의지가, 개인적인 목적에 대한 회상이, 우리를 평온한 관조에서 언제나 또다시 끌어"낸다(84쪽). 쇼펜하우어의 이 구절을 인용한 뒤에 우엘벡은 근대적 도시가 막 형성되기 시작한 19세기와 달리 광막한 대도시의 삶이 일반화된 오늘날 "도시의 풍경을 관조할 때 느끼는 평정은 그보다 더 강력한 고통 속에서 엄청난 힘을 들여야 쟁취할 수 있다는 점"(85쪽)을 덧붙인다.

그렇다. 우엘벡이 보기에 현대사회는 관조마저도 '정복'의 대상으로 전락시켰다. 의지를 초월하는 미적 관조는 오늘날 거의 불가능해졌다. 각자 맡은 역할을 완수해야 하는 연극 무대와 같이 체계와 규칙으로 촘촘히 둘러싸인 세계는 무대에서 잠시 내려와 상황을 관조할 여유도 허용하지 않는다.

삶을 지배하는 의지가 현상계의 법칙과 자본의 논리에 따라 지각되고 감각되는 표상으로서의 세계에서 인간은 한 발짝도 움직일 수 없다. 따라서 인간이 처한 가장 평범한 조건이야말로 가장 지독한 비극을 산출한다. "인간의 행동과 품성으로 인해 저절로 쉽게 거의 필연적으로 발생할 수밖에 없는" 그러한 불행을 비극으로 써나가는 것, 즉 우리 자신에 대한 표상을 멀찍이서 관조하는 것이야말로 "가장 아름다워 보이"면서도 "가장 어려운"(88쪽) 방법이라는 쇼펜하우어의 견해를 우엘벡 또한 지지한다.

의지의 거세로서의 기술적 관조

의지의 톱니바퀴에 사로잡힌 인간사회를 관조하기 위해 우엘벡이 택한 전략은 두 가지이다. 하나는 쇼펜하우어가 강조했던 예술을 통한 미적 관조이고, 다른 하나는 인간종의 의지를 영속시키기 위해 발전한 각종 공학 기술을 통해 의지의 사슬을 끊어버리는 기술적 관조이다. 공쿠르상 수상작《지도와 영토》에서 우리는 이 두 가지 관조의 절묘한 결합을 발견하게 된다. "오로지 세계를 객관적으로 묘사하겠다는 목적"[1]으로 예술가가 된 주인공 제드 마르탱의 데뷔작은 미슐랭 지도를 촬영한 것이다. 세상을 지리적 특성만이 드러나도록 객관적으로 축소한 지도를 다시금 카메라로 촬영하는 그의 작업은 인간세계의 모든 의지를 공학적, 예술적으로 초월함으로써 미적 관조의 극치를 보여준다.

반면 제드가 생애 후반부에 몰두했던 작업은 비디오를 포개는 이중인화 방식을 활용하여 "공산품들이 켜켜이 층을 이룬 식물들 속으로 점차 잠겨들어가며 그 속에 빠져버린 듯 보이는"[2] 영상물이다. 객관화된 인간 의지의 정점이라고 할 수 있는 각종 공산품이 유기물 가운데 가장 낮은 차원에 속한 식물들 속으로 무너져 내리는 이미지는 인간 고통의 근원인 의지에 대한 미적 관조로 보이기는 한

---

1 미셸 우엘벡, 《지도와 영토》, 장소미 옮김, 문학동네, 2011, 56쪽.

2 같은 책, 505쪽.

다. 그러나 다른 한편으로는 인간의 의지가 보다 낮은 단계의 의지, 즉 성욕도 탐욕도 없이 그저 자극과 반응, 생과 사로 점철된 식물계의 의지로 수렴하는 것 같기도 하다. "식물의 압승이다"[3]라는 문장으로 끝맺는 소설이 우리에게 전하는 것은 인간 의지의 미적 관조보다는 차라리 의지의 거세에 가까워 보인다.

주관의 객관화에 도달하는 관조와 주관의 원천을 아예 끊어버리는 거세는 서로 가까워 보이기도, 동시에 아득히 멀어 보이기도 한다. 의지의 미적 관조, 나아가 종교적 관조 정도만 제시했던 쇼펜하우어라면 전혀 예측하지 못했을 기술적 관조의 정점으로 우엘벡은 생명공학적 관조를 선보인다. 《소립자》의 주인공인 생물학자 미셸 제르진스키는 성기의 표면에 한정되어 있는 크라우제 소체가 전신에 고루 퍼져 있는 신인류를 만들어낸다. 성차도 성행위도 없이 성적인 쾌락으로 충만한 신인류의 세계

---

3 미셸 우엘벡, 《지도와 영토》, 장소미 옮김, 문학동네, 2011, 509쪽.

는 평화롭기 그지없다.⁴ 최근작인 《세로토닌》의 주인공은 세로토닌 분비를 촉진하는 최신 항우울제 복용으로 정상적인 일상생활을 영위하지만 "리비도 상실 및 성기능 장애"⁵라는 부작용을 겪는다.

위악과 냉소

우엘벡의 소설 속 인물들은 고통의 원천을 기술적으로 거세함으로써 관조와 평화에 도달한다. 이러한 기상천외한 상상력은 인간사회에 대한 작가의 뿌리 깊은 불신을 원천으로 삼고 있으며, 이는 쇼펜하우어를 독해할 때도 마찬가지로 작동한다. "세계에 대하여 총체적인 표상을 제공"하는 철학의 "고상한 의무"(93쪽)가 삶의 지혜를 일깨워 주지 못할 때 권태가 발생한다는 쇼펜하우어의 논리로 시작하는 5장에서 우엘벡은 바로 그 권태에 손을 들어준다. 작가는 《인생론》의 여러 구절을 길게

---

4 미셸 우엘벡, 《소립자》, 이세욱 옮김, 열린책들, 2003, 459-64쪽.
5 미셸 우엘벡, 《세로토닌》, 장소미 옮김, 문학동네, 2020, 11쪽.

인용하면서 권태를 극복하기보다 외려 기만하는 쇼펜하우어의 이율배반을 폭로하려는 듯하다. 우엘벡이 보기에 의지가 만들어내는 고통으로 가득 찬 세계에서 가장 고등한 생명체이자 최상위의 고통으로 점철된 인간의 삶은 "죽음을 수월하게 받아들일 수 있도록"(94쪽) 해주는 게 분명한데도, 쇼펜하우어는 자신의 철학을 일정 부분 무시하는 "본유적 오류"(95쪽)를 무릅써 가면서 행복론을 전개하기 때문이다.

  의지의 관조와 초월을 강조한 쇼펜하우어의 이러한 모순적 태도를 부각시킴으로써 우엘벡은 결과적으로 쇼펜하우어야말로 그 자신의 주관을 극복하지 못했음을 다소 악의적으로 보여주려는 것 같다. 우엘벡이 발췌한 부분들에서 쇼펜하우어는 "현실과 실재의 절반(…)인 주관적 측면은 우리 자신이기 때문에 근본적으로 변하지 않는다"(98쪽)고 못박으면서 일상의 쾌락에 안주하는 평범한 인간과 보다 상위의 정신적 쾌락을 누리는 지적 능력을 타고난 인간을 은연중 분리하고 있다. "정신이 풍요로운 인간이라면 가장 깊은 고독 속에서도 자신의 사고와 상상력으로 완전한 기분 전환을 할 수 있"다(103쪽). 그렇지 않은 인간에 대해, 즉 자신과 다른 종류의 인간에 대해 쇼펜하우어는 단지 유감을 표명할 뿐이다. 그에 따르면 고통과 마찬가지로 행복도 인간 안에 내재해 있으며 그것을 극복하거나 실현하는 것은 개별자의 역량에 달려 있는 셈이다.

"정신이 가장 둔한 사람"의 행복을 "부러워할 사람은 아무도 없을"것이라는 쇼펜하우어의 말을 인용하며 "정말 그럴까?"(111쪽)라고 자문하는 우엘벡의 위악적인 태도는 '그렇지 않다'는 메시지로 일관된 그의 작품세계를 곧장 환기한다. 우엘벡이 보기에 말초신경에 가닿는 성욕에 이르기까지 인간 삶의 의지를 낱낱이 착취하는 현대사회가 보장할 수 있는 유일한 행복이란 최소한의 일상을 연명하면서 고통을 차단하거나, 혹은 고통을 완전히 소멸시켜줄 죽음으로 편안하게 직행하는 것이다. 《지도와 영토》에서 제드의 아버지가 죽음을 택한 스위스 취리히의 안락사협회를 둘러싼 정경은 이를 단적으로 드러낸다. 사창가와 바로 면해 있는

"밋밋한 흰색 콘크리트 건물"의 안락사협회는 영업시간이 훨씬 긴 사창가보다도 성업 중이다. "죽음과 고통에 관련된 사업의 주가가 쾌락과 섹스 사업의 그것보다 훨씬 높아"진 것이다.[6]

가장 분량이 짧은 마지막 장에서 우엘벡의 위악은 절정에 달한다. 행복을 좌우함에도 딱히 바꿀 수 없는 지적 능력과 달리 재산은 축적하거나 탕진할 수 있지 않느냐는 것이 우엘벡의 입장이라면 쇼펜하우어의 입장은 부에 대해서도 크게 달라지지 않는다. "일하지 않아도 될 만큼 충분히 소유하고 있다는 것"이야말로 "누구나 타고난 운명인 보편적인 고역으로부터 해방되는 길"(115~6쪽)이다. 그러나 "세습된 재산은 탁월한 지적 능력을 지니고 있어서 밥벌이와는 거리가 먼 시도를 계속하는 자의 손에 들어가야만 최고의 가치를 발휘하는 법이다."(116쪽) 이 대목에 일언반구도 덧붙이지 않고 책을 끝맺는 것이야말로 세상에 대한 비관으로

---

6 미셸 우엘벡, 《지도와 영토》, 장소미 옮김, 문학동네, 2011, 441-3쪽.

가득 찬 한 작가가 한때 자신의 존재를 뒤흔들어 놓았던 한 철학자와 결별하는 가장 냉소적인 방법이 아닐까.

희석된 행복의 장기 지속

고통의 초월과 행복의 추구에 대해 지적 귀족주의밖에 내세우지 못하는 쇼펜하우어와 결별하면서 우엘벡이 택한 노선은 고통에도 행복에도 치우치지 않은 상태, "고저의 기복이 없는 안정적이고 잠잠한 슬픔"[7] 상태의 장기 지속이다. 일체의 인간관계를 정리하고 통장 잔고를 조금씩 헐어가면서 항우울제에 의지하여 삶을 소진하는 《세로토닌》의 주인공처럼 말이다. 여기에는 뛰어난 지적 수준도, 막대한 양의 재산도 요구되지 않는다. 우엘벡의 세계를 주조하는 회의와 냉소는 엘리트와 부르주아의 협소한 세계에서만 가능한 행복을 대중사회의

---

7 미셸 우엘벡, 《세로토닌》, 장소미 옮김, 문학동네, 2020, 104-5쪽.

규모로 희석한 결과물은 아닐까? "역사적인 행복의 조건들이 더는 규합되지 않기 때문"[8]에 말이다. 그렇게 흡사 식물과 같이, 탄생부터 소멸까지 최소한의 자극과 반응으로 점철된 삶이야말로 우리 시대의 인류에게 허락된 유일한 구원이노라고, 쇼펜하우어와 마주한 얼굴을 슬며시 거두면서 우엘벡은 읊조리고 있다.

개인의 자유라든가 열린 삶이라든가 무한한 가능성이라는 환상에 굴복한 것이 아닐까? 그럴 수 있다. 그런 생각들이 시대정신이었으니까. 우리는 그런 생각들에 반기를 들지 않았고 열렬히 환영하지도 않았다. 다만 거기에 순응하며 우리가 무너지게 내버려두었다. 그리고 매우 오래도록 그로 인해 고통받고 있다.[9]

---

8 미셸 우엘벡, 《세로토닌》, 장소미 옮김, 문학동네, 2020, 118쪽.
9 같은 책, 405쪽.

쇼펜하우어를 마주하며

초판 1쇄 발행 | 2022년 3월 15일

지은이 | 미셸 우엘벡
옮긴이 | 이채영
펴낸이 | 이은성
기 획 | 김경수
편 집 | 구윤회
교 정 | 홍원기
마케팅 | 서홍열
디자인 | 최승협
펴낸곳 | 필로소픽
주 소 | 서울시 종로구 창덕궁길 29-38, 4-5층
전 화 | (02) 883-9774
팩 스 | (02) 883-3496
이메일 | philosophik@hanmail.net
등록번호 | 제2021-000133호

ISBN 979-11-5783-239-2 92160

필로소픽은 푸른커뮤니케이션의 출판브랜드입니다.